Arsch auf Grundeis
Redewendungen
und wo sie herkommen

Rolf Kiesendahl

Arsch auf Grundeis

Redewendungen
und wo sie herkommen

Ellert & Richter Verlag

Inhalt

Prolog

Ein Mann steigt in ein Taxi, das ihn zum Flughafen bringen soll. Er nennt Airline und Abflugzeit. Es zeichnet sich ab, dass es knapp werden wird. Der Fahrgast hat nur bescheidene Deutschkenntnisse, vertraut aber der Übersetzungs-App auf seinem Smartphone.

„Ach, du grüne Neune, Abflug ist um 15 Uhr! Jetzt ist aber höchste Eisenbahn. Sie haben kein Bargeld? Da brat mir einer einen Storch", stöhnt der Taxifahrer. „Ich fahre Sie zur nächsten Bankfiliale. Aber machen Sie Dalli. Sonst geht das hier voll in die Hose. Ich hab sowieso mit dieser Tour die Arschkarte gezogen."

Stau auf dem Flughafenzubringer. Hupkonzert. „Die Leute springen jetzt schon im Dreieck. Das Tohuwabohu hier hat der Bausenator verbockt. Dabei fängt die Rush Hour gerade erst an. Aber bald sind Wahlen. Dann ist er samt seiner Regierungspartei weg vom Fenster. Denen geht jetzt schon der Arsch auf Grundeis. Die haben Muffensausen ohne Ende."

Am Airport angekommen, hat der Chauffeur noch einen guten Rat für seinen irritiert dreinschauenden Passagier, der nur Bahnhof verstanden hat: „Drücken Sie auf die Tube, Alter Schwede. Aber legen Sie sich nicht mit den Sicherheitsleuten an. Mit denen ist nicht gut Kirschen essen."

Kein Wunder, dass dem Reisenden der Kopf schwirrt.

Unsere Alltagssprache steckt voller Redewendungen, deren Ursprung oft in alten Zeiten und an fernen Orten liegt. Es gibt kaum einen Satz, in dem sie nicht vorkommen. Im vorausgegangenen Dialog geht es unter anderem um ein legendäres Berliner Tanzlokal, den literarischen Seufzer eines Briefträgers und anfeuernde Rufe polnischer Wanderarbeiter. Um die Angst, nicht mehr das stille Örtchen zu erreichen, um die Zustände in einem preußischen Mustergefängnis und nicht zuletzt um das arrogante, hochfahrende Gebaren reicher Leute im Mittelalter.

Dieses Buch will auf unterhaltsame Weise Licht ins Dunkel der unterschiedlichsten Redewendungen bringen, ihre Bedeutung und Herkunft erklären. Sie, liebe Leser, werden aus allen Wolken fallen. Blaue Wunder bleiben Ihnen hoffentlich erspart. Dafür wissen Sie endlich, wo der Barthel den Most holt und warum Schmidts Katze abgeht wie der Blitz. In diesem Sinne – Hals- und Beinbruch und reichlichen Erkenntnisgewinn.

Rolf Kiesendahl

P.S.
Damit Sie schnell eine Redewendung finden, sind die ersten Substantive im Schlagwort-Verzeichnis alphabetisch aufgelistet.

Mein lieber Scholli, jetzt aber Dalli

Was wir sagen, wenn wir fluchen,
staunen oder uns wundern.
Oder jemanden begrüßen. Und zur Eile antreiben.

1

Holla, die Waldfee …

drückt Bewunderung, Erstaunen und Überraschung aus. Ernsthafte Erklärungen für die Herkunft gibt es nicht, dafür jede Menge Nonsens. Vielleicht ist Holla ja die bislang unbekannte Tochter von Frau Holle. Wo Holla wirklich verortet ist, weiss niemand so genau. Manche vermuten den Ursprung des Begriffs sogar in der germanischen Mythologie. Besser trifft es wohl folgende Erklärung: Holla wird von Holler abgeleitet, der in Süddeutschland geläufigen Bezeichnung für Holunder. Diese Pflanze galt früher und gilt noch immer als Heilmittel - und Frauen, die daraus einen Zaubertrank brauten, wurden als eine Art Kräuterhexe angesehen oder, wenn sie hübsch waren, als Waldfee. Auf das Modegetränk Hugo, bei dem Holunderblütensirup mit Prosecco und Minze gemischt werden, ist Holla eher nicht zurückzuführen. Man müsste vermutlich mehrere Liter davon intus haben, bevor einem endlich die Waldfee erscheint.

Verflixt und zugenäht ...

ist ein deftiger Fluch. Wenn etwas misslingt, jemand uns verärgert hat oder alles schief läuft, was wir uns ausgedacht hatten, ist es verflixt und zugenäht. Ähnlich wie „verdammte Sch...".

Dass die Redewendung einen sexuellen Hintergrund hat, erschließt sich nicht auf Anhieb. Ursprung ist wohl ein Studentenlied, in dem ein Student erfährt, dass seine Freundin schwanger ist. Der Text:

Ich habe eine Liebste, die ist wunderschön,
sie zeigt mir ihre Äpfelchen, da ist's um mich gescheh'n.
Doch als mir meine Liebste der Liebe Frucht gesteht,
da hab' ich meinen Hosenlatz verflucht und zugenäht.

„Verflixt" wurde später zum Euphemismus von „verflucht".

Eine andere Deutung weist auf den studentischen Fechtkampf hin, dem Pauken. Der dabei oft entstandene „Schmiss" musste sofort genäht werden.

Mein lieber Scholli ...

steht für ein enormes Maß an Verwunderung, aber auch für Bewunderung oder eine freundschaftliche Mahnung, es nicht zu toll zu treiben. Dabei hat es aber nur bedingt mit dem Ex-Nationalspieler und Fußballkommentator Mehmet Scholl zu tun. Sie wissen schon, jener pfiffige Experte, der uns mit kecken Sprüchen half, über den Phantomschmerz hinwegzukommen, als das legendäre Nörgler-Duo Netzer und Delling nicht mehr auf Sendung sein wollte oder durfte.

Der Scholli, um den es hier geht, wird laut Duden vom französischen „joli" abgeleitet, das mit leichter Ironie als „mein Hübscher" übersetzt werden könnte. Das urdeutsche „Mein lieber Mann, was hast du dir dabei gedacht" trifft es auch ganz gut. In der Literatur taucht auch ein Bummelstudent namens Ferdinand Joly auf, der 1783 von der Uni Salzburg flog und trotzdem Karriere machte: als Original, dem sogar das Musical „Mei liaba Schole" gewidmet wurde. Es wurde 2003 uraufgeführt.

Himmel, Arsch und Zwirn …

ist ein Klassiker unter den Flüchen. Ein wunderbares Ventil, um den aufgestauten Ärger rauszulassen. Gründe dafür gibt es zuhauf: die Dummheit der anderen und manchmal auch die eigene. Fehlende Schrauben beim Schrankaufbau. Wut auf Leute, die immer zu spät kommen. Zehn Kilometer Stau auf der Autobahn.

Doch was verbindet diese seltsame Trilogie? In alten Zeiten glaubte man an übernatürliche Kräfte. Diese sollten helfen, den Feind oder unliebsamen Konkurrenten zu verfluchen, ihm die Pest an den Hals zu wünschen oder einen Achsenbruch am Lastkarren. Den erforderlichen Beistand erhoffte man sich aus dem Himmel, dem Sitz der Götter und Ort des Glücks. Der nackte Arsch wiederum diente in grauer Vorzeit als Schutz vor bösen Mächten und wurde erst später zum Zeichen der Verachtung und Demütigung. Zwirn besteht aus mehreren Fäden, ist deshalb sehr belastbar und kann Himmel und Arsch zusammenhalten. Drei starke Symbole also, mit deren Hilfe man den Frust rauslassen kann.

Eine andere Deutung besagt, dass Arsch und Zwirn für A–Z steht, also für alle Dinge, und der Himmel den Fluch noch verstärkt. Wer unbedingt fluchen muss, sollte besser auf „Verdammt noch mal" ausweichen. Ist einfacher zu erklären.

Mein lieber Herr Gesangsverein ...

wird benutzt, um Verwunderung und Überraschung aus-
zudrücken: „Mein lieber Herr Gesangsverein, das habt ihr
aber toll gemacht."

Überraschen kann aber auch der Ursprung dieser Redewendung. Sie wird auf die zehn Gebote zurückgeführt, von
denen eines heißt: „Du sollst den Namen des Herrn, deines
Gottes, nicht missbrauchen; denn der Herr wird den nicht
ungestraft lassen, der seinen Namen missbraucht." Um
nicht ständig Gott im Zusammenhang mit profanen Dingen zu erwähnen und damit gegen die Gebote zu versto-
ßen, wurde nach Ersatzformulierungen gesucht. Warum
ausgerechnet der Gesangsverein herhalten musste, weiß
niemand so genau.

Da wird der Hund in der Pfanne verrückt ...

ist eine der schrägsten Redewendungen überhaupt. Sie drückt sehr großes Erstaunen oder riesige Verwunderung, Freude oder auch Verärgerung aus. Doch Hund und Pfanne in einem Zusammenhang, das passt vielleicht in eine Garküche in Zentralchina, aber nicht nach Europa.

Auf die Lösung der Herkunftsfrage muss man erst einmal kommen: Der Ausdruck stammt aus einer Geschichte von Till Eulenspiegel, dem wohl bekanntesten Narren schlechthin. Dieser arbeitete einmal bei einem Bierbrauer, der einen Hund namens „Hopf" besaß. Als der Brauer Till befahl, den Hopfen zu sieden – da er so dem Bier die Würze verleiht –, warf der Schalk kurzerhand das Tier in die Pfanne mit dem kochenden Hopfensud. Natürlich wurde die Sagenfigur danach vom Hof gejagt. Und die hoffentlich erfundene Geschichte ein Bestseller im Redewendungen-Ranking.

Alter Schwede ...

bezieht sich weder auf den IKEA-Gründer Ingvar Kamprad, einen der reichsten Männer der Welt, der 2018 im Alter von 92 Jahren starb, noch auf den berühmten Buckel-Volvo aus den 1950er- und 1960er-Jahren – heute ein heißbegehrtes Sammlerstück. Die Wendung „Alter Schwede", die freundschaftliche Anrede für einen guten Kumpel, entstand vielmehr im Preußen des 17. Jahrhunderts, als Friedrich Wilhelm, der „Große Kurfürst", seine Armee von altgedienten schwedischen Soldaten drillen ließ, die umgangssprachlich rasch „Alte Schweden" genannt wurden. Die Schweden hatten nämlich im vorausgegangenen 30-jährigen Krieg (1618–1648) in Weimar eine Art Schneise des Schreckens hinterlassen. Marodierende Truppen und Räuber erhielten deshalb den Titel „Alte Schweden".

Halt die Ohren steif …

Dieser aufmunternde Ratschlag soll helfen, wenn man krank oder deprimiert ist, gerade die Prüfung versemmelt oder einen Verlust erlitten hat. „Lass dich nicht unterkriegen, es geht schon irgendwie weiter", lautet der Subtext.
Die Wendung beruht auf Vergleichen mit der Tierwelt: Wenn Pferde, Hunde oder Esel aufmerksam zuhören, spitzen sie die Ohren, stellen sie also aufrecht. Lassen sie die Lauscher aber herabhängen, sind sie müde und unaufmerksam.

Mach mal Dalli …

sagen manche, wenn sie jemanden zur Eile auffordern. Klingt doch knackiger als „Los, los" oder „Geht es nicht etwas schneller?". „Dalli, Dalli" hieß auch eine populäre ZDF-Unterhaltungssendung in den 1970er- und 1980er-Jahren, moderiert von Showmaster Hans Rosenthal. Auch ein Waschmittel trug diesen Namen.

Doch woher kommt das Wort „Dalli" eigentlich? Aus dem Kaschubischen „Dalli" (= weiter, los) und dem Polnischen „Dalej" abgeleitet, wurde es von polnischen Wanderarbeitern nach Deutschland gebracht. „Dalli" wäre auch ein hübscher Name für einen Kleinwagen. Seltsam, dass bisher niemand darauf gekommen ist.

Mein lieber Schwan ...

passt prima als Reaktion auf ein unerwartetes, überraschendes Ereignis oder als Ermahnung und wird auch gern als freundschaftliche Drohung verwendet. Natürlich hat der Schwan mit Richard Wagners Oper „Lohengrin" zu tun, die 1850 uraufgeführt wurde und im Brabant des 10. Jahrhunderts spielt: „Nun sei bedankt, mein lieber Schwan", verabschiedet Lohengrin im ersten Akt den edlen Wasservogel, der ihn in einem Boot zum – siegreich beendeten – Gerichtskampf gegen den Grafen Telramund zieht. Schon in der germanischen Mythologie begegnet einem der Schwan, der auch als Phallussymbol gilt. Und im Mittelalter tauchte der Ritter mit dem Schwan in verschiedenen Sagen auf.

Aus „Lohengrin" stammt auch eine weitere gebräuchliche Metapher: „Nie sollst du mich befragen". Sie wird – oft scherzhaft – benutzt, wenn jemand auf eine Frage nicht antworten will oder kann. Eine elegante Art, sich aus der Affäre zu ziehen.

Ach, du grüne Neune …

ist eine Art Schreckensruf, mit dem auf ein Missgeschick oder eine andere negative Wendung reagiert wird. Bei wirklich tragischen Ereignissen, zum Beispiel bei Todesfällen, wirkt er allerdings unpassend.

Der Ursprung ist unklar. Eine Theorie besagt, dass die „grüne Neun", also Pik-Neun, als schlechte Karte im Kartenspiel galt.

Eine andere Version: Im 19. Jahrhundert gab es in Berlin das Vergnügungslokal „Conventgarten", das von den Leuten auch „die grüne Neune" genannt wurde, weil der Eingang „Am Grünen Weg" lag. In der Kneipe ging es oft hoch her, die Polizei musste häufig für Ordnung sorgen. So wurde die „grüne Neune" zum Synonym für Dinge, die aus dem Ruder gelaufen sind.

Höchste Eisenbahn ...

steht für: „Jetzt ist es aber höchste Zeit, wir müssen uns beeilen, um einen Termin einhalten zu können" oder „Weitere Verzögerungen können wir uns nicht erlauben". Die Redewendung hat also nichts mit einer hochgelegenen Bahnstrecke in den Anden oder am Matterhorn zu tun. Sie impliziert die Notwendigkeit, schnellstens zu handeln. Beispielsweise im Privaten, wenn der Blinddarm schmerzt und wir schleunigst ins Krankenhaus fahren sollten. Oder bei politischen und gesellschaftlichen Zielen wie Klimawandel oder einer maroden Infrastruktur.

Höchste Eisenbahn – das gilt auch für die Deutsche Bahn bei ihren Bemühungen, die Verspätungen in den Griff zu kriegen.

Als Urheber des Spruchs gilt der Berliner Schriftsteller Adolf Glaßbrenner, der in der Humoreske „Ein Heiratsantrag in der Niederwallstraße" aus dem Jahr 1847 den zerstreuten Briefträger Bornike zitiert. Dieser hatte nämlich vergessen, dass die Post, die er austragen sollte, schon längst eingetroffen war. „Es ist allerhöchste Eisenbahn, die Zeit ist schon vor drei Stunden anjekommen", stöhnte er und meinte damit natürlich die Briefbündel, die schon längst hätten zugestellt werden müssen.

Schwamm drüber ...

„Das ist nun einmal passiert, wir sind nicht nachtragend, Entschuldigung angenommen – also Schwamm drüber." Mit dieser Redensart werden häufig kleine Konflikte oder Missverständnisse beendet, die keine gravierenden Auswirkungen hatten. Eben wie in der Schule, in der die Tafel mit dem Schwamm gewischt wird und alle Rechenfehler verschwinden. Oder wie früher in der Kneipe, wenn die per Kreide notierte Zechschuld an der schwarzen Tafel gelöscht wurde, sobald der Gast gezahlt hatte. Daher stammt auch der Begriff „in der Kreide stehen".

Unterhaltungsgenie Otto Waalkes widmete der Redewendung sogar den „Schwamm-drüber-Blues". Ein Auszug:

Liegst Du auf dem Schienenstrang
und es fährt 'ne Tram drüber,
nimm das doch nich' so schwer, Baby,
sag doch: „Schwamm drüber."

Wenn eine treulose Tomate die Arschkarte zieht.

Was man tun oder besser lassen sollte.

Die Arschkarte ziehen ...

Wer den undankbarsten Job machen muss, die falsche Wahl trifft oder sonstige Missgeschicke erleidet, der hat die Arschkarte gezogen. Manche tun das ständig.

Der Begriff stammt mit Sicherheit aus dem Fußball, wo viele Schiedsrichter die Rote Karte, die Platzverweis bedeutet, in der Gesäßtasche tragen, während die Gelbe Karte für eine Verwarnung in der Hemdtasche aufbewahrt wird. Der Schiri kann dadurch sicher sein, in turbulenten Szenen nicht die falsche Karte zu zücken – was trotzdem gelegentlich passiert.

Den Ball flach halten ...

kommt ebenfalls aus der Fußballsprache, ist aber auch eine prima Empfehlung für andere Bereiche. Flache Pässe kommen sicherer an als hohe, mitunter riskante Zuspiele. Letztere erwärmen zwar das Herz, gehen aber auch leicht in die Hose. Übertragen auf den grünen Rasen des Lebens heißt das: unnötige Risiken vermeiden, Zurückhaltung üben, möglichst wenig Aufmerksamkeit erregen und keine zu hohen Erwartungen wecken.

Allerdings: Ein mutiger, raumöffnender Steilpass kann neue Perspektiven bieten. So hat die Bewegung „Friday for future", bei der Schülerinnen und Schüler freitags immer streikten und für die Rettung unseres Planeten auf die Straße gingen, den Klimawandel urplötzlich in den Mittelpunkt der politischen Debatte gerückt. Viele Prominente schlossen sich der Bewegung an. Ein Wachmacher für die Politik. Und plötzlich sind alle ein bisschen grün.

Damit kannst du keinen Blumentopf gewinnen ...

ist zu hören, wenn jemand mit seinem Vorhaben garantiert scheitern wird. Ein oft gewähltes Synonym für Chancenlosigkeit also. Ein Beispiel: Wer in Deutschland einen fleischfreien Tag in Kantinen oder – noch besser – ein allgemeines Tempolimit einführen will, fällt in diese Kategorie. Völlig unabhängig davon, dass in fast allen Nachbarländern Tempo 130 schon längst die Regel ist. „Freie Fahrt für freie Bürger", heißt es dann bei uns.

Aber warum muss ein Blumentopf herhalten, wo es doch 1000 andere Dinge gibt? Der Spruch stammt vermutlich aus dem Kirmesmilieu. Wer an der Schießbude ausschließlich daneben geballert und sich nach Kräften blamiert hatte, erhielt als Trostpreis nicht selten einen erbärmlichen Blumentopf.

Ich fresse einen Besen ...

wenn Maier II den Job bekommt und nicht Lehmann. Dabei ist Letzterer doch viel besser geeignet." Oder wenn Ferrari tatsächlich mal wieder die Formel I dominiert. Der gute alte Besen als Nahrungsmittel muss immer dann herhalten, wenn man sicher ist, dass ein bestimmtes Ereignis nicht eintritt oder eine Aussage schlicht falsch ist. Oft ist er aber auch Ausruf des Erstaunens.

Über die Herkunft der Wendung, die noch gar nicht so alt ist, gibt es keine klaren Angaben. Der Besen gilt als unrein und unappetitlich. Den starken Kontrast dazu liefert das Essen. Irgendwie absurd, das Ganze.

Jemanden ins Bockshorn jagen ...

heißt, ihn auf eine falsche Fährte zu locken. Das ist die häufigste Verwendung des Begriffs, der aber auch beinhaltet, dass jemand verunsichert oder in die Enge getrieben wird. In der verneinenden Form bedeutet die Redewendung hingegen, dass man nicht alles glauben soll, was jemand erzählt, und man sich nicht hereinlegen lassen soll. Ein klassisches Beispiel sind die Verschwörungstheorien über die Mondlandung 1969, die angeblich nie stattgefunden hat. Manche sind fest davon überzeugt, dass es sich um einen Fake handelt und der Rest der Menschheit ins Bockshorn gejagt wurde.

Eine wirklich überzeugende Deutung der aus dem 15. Jahrhundert stammenden Wendung gibt es nicht. Angeblich wurden damals verurteilte Sünder in ein Bocksfell genäht und mussten sich dann anhören, was sie alles verbrochen hatten. Andere wurden im Ziegenfell-Dress durchs Dorf gejagt. Von Martin Luther ist ein Zitat aus dem Jahr 1530 überliefert: „Alle Welt ist erschreckt und überpoltert, bis sie endlich in ein Bockshorn ist gejagt." Was bleibt, ist die Erkenntnis, dass es sich hier um eine der rätselhaftesten Redewendungen der deutschen Sprache handelt.

In der Bredouille sitzen ...

Das französische Wort „Bredouille" bedeutet Matsch oder Dreck. Damit erklärt sich die Redewendung von selbst. Wenn der letzte Bus vor der Nase wegfährt und kein Taxistand in der Nähe ist, wenn sich drei von vier Mitarbeitern krank melden und auch noch der Firmen-Lkw streikt, dann sitzt man in der Bredouille. Ist das Problem noch schwerwiegender und eine rasche Lösung nicht in Sicht, greift man in Deutschland auch gern und rustikal auf die Muttersprache zurück: „Jetzt sitzen wir in der Scheiße."

Dicke Bretter bohren ...

macht wenig Freude, denn es verlangt Geschick, Kraft und Ausdauer, bis der Bohrer das untere Ende erreicht. Mitunter muss neu angesetzt werden, weil der Bohrkanal zu schief geraten ist. „Dicke Bretter" als Synonym für große, langfristige Herausforderungen gibt es viele. Man denke nur an die zahlreichen Versuche, ein vereinfachtes Steuersystem einzuführen. Von der „Steuererklärung auf dem Bierdeckel" sind wir weit entfernt. Dieses dicke Brett ist noch nicht gebohrt.

Für jemanden in die Bresche springen ...

bedeutet nichts anderes, als ihm in einer kritischen Situation zu helfen, sich bei anderen für ihn einzusetzen. Ein fest eingeplanter Lieferant hat technische Probleme, kann für Wochen keine Maschinenteile liefern, die ganze Produktion stockt – zum Glück springt eine andere Firma in die Bresche und stellt kurzfristig ihre Fertigung um. Oder im Sport: Der Thekentruppe fehlt der Torwart – da zieht ein Ex-Kicker noch einmal die Fußballschuhe an, obwohl er eigentlich nur zuschauen wollte. Er springt in die Bresche.

Was heute recht ungefährlich und wie „Business as usual" anmutet, war im Mittelalter eine sehr brenzlige Angelegenheit, bei der tapfere Kämpfer ihr Leben riskierten. Die „Bresche" – das Wort leitet sich vom Fränkischen „breka" ab und steht für Lücke – war ein Loch in der Festungsmauer, durch das Angreifer von außen eindringen wollten. Zu diesem Zweck wurde die Mauer an einer einzigen Stelle unterhöhlt, es entstand eine Lücke. Um die fremde Truppe gar nicht erst ins Innere kommen zu lassen, waren besonders mutige Verteidiger sofort zur Stelle, um sie abzuwehren. Sie sprangen also wortwörtlich in die Bresche.

Schwer auf Draht ...

sind Menschen, die schnell einen Sachverhalt erkennen und rasch handeln, die gut informiert und entscheidungsstark sind. Mit einem Drahtseilakt hat die Redewendung nichts zu tun, sondern mit der Telekommunikation. Früher, als nicht jeder ein Telefon besaß, war der Fernsprechapparat eine Art Privileg. Die stolzen Besitzer waren stets erreichbar und konnten sofort reagieren. Sie waren schwer auf Draht – ein Begriff, der sich bis heute erhalten hat.

Übrigens: Ob der frühere Bundespräsident, der sich mit dem Englischen schwer tat, tatsächlich mal zu einem Staatsgast „You are heavy on wire" gesagt hat, steht nicht fest. Das Lübke-Englisch war eine Zeit lang Kult, doch manche Übersetzungsschwäche wurde dem Sauerländer auch von boshaften Redakteuren in den Mund gelegt.

Im Dreieck springen ...

Wir haben uns schrecklich geärgert, sind stinksauer und suchen ein Ventil für den Zorn – wer sich in solch einer Gemütslage befindet, könnte im übertragenen Sinne im Dreieck springen.

Die Redewendung wird oft verwendet, der traurige geschichtliche Hintergrund ist jedoch weniger bekannt: Mitte des 19. Jahrhunderts ließ Preußenkönig Friedrich Wilhelm IV. in Berlin ein Mustergefängnis errichten, das nur aus Einzelzellen bestand. Dadurch wollte er verhindern, dass die Häftlinge unter den schlechten Einfluss anderer Mitgefangener gerieten und gemeinsam mit ihnen neue Straftaten planten. Die Isolationshaft galt auch für den Freigang. Der runde Innenhof war in 20 „Tortenstücke" aufgeteilt, die von hohen Mauern umgeben waren. Rund zehn Quadratmeter groß waren diese sogenannten Spazierhöfe, in denen die Insassen zwar frische Luft atmen und den Himmel sehen, aber keinen Kontakt zu anderen aufnehmen konnten. Zudem waren die Häftlinge zum Schweigen verdonnert. Die monate- oder jahrelange Isolationsfolter brachte manche an die Schwelle zum Wahnsinn oder darüber hinaus. Sie sprangen in ihren Spazierhöfen umher, also im Dreieck. Reste des Zellengefängnisses Moabit sind heute noch im Geschichtspark Berlin zu besichtigen.

Den Faden verlieren ...

Plötzlich reißt der Argumentationsfluss ab, der Sprecher sucht verzweifelt nach dem gedanklichen Zusammenhang und seinem nächsten Punkt. Er hat den Faden verloren. Da liegt der Zusammenhang mit der Kunst des Spinnens, Strickens und Garnwickelns auf der Hand. Auch hier rutscht der Faden zuweilen von der Nadel und man hat ein Problem.

Wer den inhaltlichen Faden in einem Vortrag nicht mehr findet und auch nicht elegant das Thema wechseln kann, der hat hingegen einen Blackout.

Nicht viel Federlesen machen ...

Sich nicht mit Kleinigkeiten aufhalten, nicht lange fackeln, kurzen Prozess machen – wer nicht viel Federlesen macht, zeigt Führungsstärke und Entscheidungsfreudigkeit. Zumindest nach außen. Wer nicht viel Federlesen macht, ist cool, neigt aber dazu, Dinge nicht differenziert genug zu sehen. Da kann der Schuss schon einmal nach hinten losgehen. Beispielsweise, wenn wichtige Kriterien nicht beachtet wurden. Ein Beispiel: Der Bebauungsplan für das Wohngebiet wurde im Eiltempo durchgeboxt, also ohne viel Federlesen. Leider hatte man nicht beachtet, dass sich dort früher eine Mülldeponie befand.

Der Begriff „Federlesen" stammt aus dem 16. Jahrhundert. Wer ständig von seinem Rock oder seinem Kleid Flusen, Flöckchen und kleinste Federchen entfernte, galt als umständlich und hätte die dadurch verlorene Zeit sinnvoller nutzen können.

Ins Fettnäpfchen treten ...

heißt, jemanden ungewollt kränken oder beleidigen. Es gibt Menschen, die mit traumwandlerischer Sicherheit jeden Fettnapf ansteuern, der sich ihnen bietet. Da wird nach dem abwesenden Ehemann gefragt, obwohl jeder weiß, dass er die Familie verlassen hat. Oder jemand erkundigt sich nach der Führerscheinprüfung, die zum dritten Mal in Folge versemmelt wurde.

Die Redewendung stammt aus Zeiten, in denen zwischen Haustür und Ofen ein Fettnapf stand, aus dem Besucher Fett für die Pflege ihrer feuchten Schuhe nehmen konnten. Nicht selten trat jemand den Fettnapf um oder in ihn hinein – was eine ordentliche Schweinerei zur Folge hatte.

Mach keine Fisimatenten ...

legte die Mutter zur Zeit der Revolutionskriege Ende des 18. Jahrhunderts ihrer Tochter ans Herz und meinte damit, dass sich das Mädel keinesfalls mit französischen Besatzungssoldaten einlassen sollte. Selbige forderten die jungen Damen gern mal auf, ihr Zelt zu besuchen („visitez ma tente"), um die deutsch-französische Freundschaft ganz hautnah zu festigen. „Mach keinen Blödsinn, halt dich davon fern", lautet also die Botschaft. Oder, in anderen Zusammenhängen: „Bitte keinen Ärger bereiten" und „Halte dich an die verabredeten Regeln".

Eine andere Deutung besagt, dass Fisimatenten ein aus dem lateinischen „visae patentes" – gemeint ist damit ein nach langwieriger Prüfung erteiltes Patent – und dem mittelhochdeutschen „visament" – steht für Zierrat – entlehntes Wort ist. Fisimatenten sind demnach überflüssig und verzögern eine Sache. Mit dem Wort „fies" haben sie aber nichts gemein.

Der Griff ins Klo ...

kann jedem widerfahren. Das Urlaubshotel war eine Katastrophe, die Prüfung wurde versemmelt, bei der Arbeit ging alles schief – bei Misserfolgen und falschen Entscheidungen hat man „ins Klo gegriffen", was keiner weiteren Erläuterung bedarf. Man ärgert sich. Und bereut. Auch Politikerinnen und Politiker greifen gern mal sprachlich ins Klo: CDU-Parteichefin Annegret Kramp-Karrenbauer, die als Putzfrau kostümiert in einer Fastnachtsrede über das dritte Geschlecht witzelte, sowie das kindische „Ätschi, Bätschi" der ehemaligen SPD-Fraktions- und Parteichefin Andrea Nahles vor dem Bundestag gelten als Musterbeispiele, zu denen sicher auch diverse Statements von Donald Trump gehören.

Aber auch Journalisten liegen gern mal daneben. Mein Favorit stammt aus der Online-Ausgabe des Hamburger Abendblatts vom 8. September 2015: „Heidi Klums nackter Hintern rauscht mit vollen Segeln in einen gewaltigen Shitstorm." Der Begriff entstammt der Jugendsprache der 1980er-Jahre.

Den Gürtel enger schnallen ...

hat jeder schon einmal gehört. Wenn das Geld nicht reicht, sollte man sich zurücknehmen, kürzer treten, auf Dinge verzichten, geplante Projekte aufschieben und sparen, wo es nur geht. Vor allem die Stadtkämmerer der deutschen Kommunen benutzen diese Formulierung gern, wenn es darum geht, dem Volke zu erklären, warum ein Hallenbad schließen muss oder die Parks nur noch zweimal im Jahr gepflegt werden. Oder warum in Firmen plötzlich eiserne Regeln zur Kostensenkung eingeführt werden.

Im eigentlichen Wortsinn bedeutet „den Gürtel enger schnallen", dass man weniger isst und verhindern will, dass Hose oder Rock rutschen. Und im übertragenen Sinn, dass jemand, der seine Ausgaben nicht den Einnahmen anpasst, in Schwierigkeiten gerät.

Eine Gardinenpredigt halten ...

bedeutet, jemanden abzukanzeln, ihm seine Verfehlungen vorzuhalten. Aber was hat die Gardine damit zu tun? Ursprünglich handelte es sich um eine nächtliche Strafpredigt, mit der die Gemahlin ihren spät heimkehrenden und zumeist angetrunkenen Gatten zur Rede stellte. Sie stand dabei hinter dem Bettvorhang, der damals, im 15. und 16. Jahrhundert, Gardine genannt wurde.

Gardinenpredigten gibt es noch heute, als verschärfte Ansprache, aber ohne Vorhang. Die rustikale Variante von Gardinenpredigt lautet: „jemanden zusammenscheißen".

Viel Gedöns machen ...

Altkanzler Gerhard Schröder ist es zu verdanken, dass er den Begriff „Gedöns" – steht für überflüssig, nicht unbedingt nötig – in den Politsprech einbrachte. Als „Ministerium für Familie und Gedöns" bezeichnete 1998 der damals neu gewählte Regierungschef das Bundesministerium für Familie, Senioren, Frauen und Jugend. Die üblichen Berufsbetroffenen waren entrüstet, die meisten fanden es originell. Ursprünglich stammt der Begriff aus dem Niederdeutschen und heißt so viel wie „Getue" oder „Aufhebens".

Etwas geht in die Hose ...

Ein Vorhaben läuft komplett schief, ein Ziel wird verfehlt, wieder einmal ist man gescheitert – die ganze Sache ist voll in die Hose gegangen. Man benötigt nicht viel Fantasie, um den Ursprung der Redewendung zu ergründen: Es ist schon peinlich, wenn man es nicht rechtzeitig zur Toilette schafft.

Das mit undankbarem Inhalt gefüllte Beinkleid taucht aber auch in einer anderen Redewendung auf. Wer ängstlich und mutlos an etwas herangeht, hat die Hosen gestrichen voll. Irgendwie zum Thema passt auch die Redewendung „Das ist Jacke wie Hose", etwas hat also keinerlei Auswirkung auf einen Vorgang. Im Norden sagt man wohl „schietegal" dazu. Passt zum Anfangsthema.

Mit jemandem ist nicht gut Kirschen essen ...

Der, um den es hier geht, gilt als äußerst konfliktbereit und hochfahrend. Ärger ist vorprogrammiert, ohne gute Vorbereitung sollte man nicht an ihn herantreten. Doch warum sollte man mit einem solchen Menschen Kirschen essen wollen?

Die Redewendung stammt aus dem Mittelalter, als Kirschen sehr edel und teuer waren und deshalb vornehmlich von reichen und hochgestellten Leuten verputzt wurden, die dabei gern unter sich blieben. Näherte sich jemand der Runde, der nicht dazugehörte, wurde er mit Kirschkernen bespuckt und mit Stielen beworfen. Ein arrogantes, rüpelhaftes Verhalten, über das sich auch Martin Luther beklagte.

Sich einen Korb holen …

Es tut schon weh, von einem anderen Menschen abgewiesen zu werden. Vor allem, wenn es häufiger passiert. Die Redewendung „sich einen Korb holen" oder „jemandem einen Korb geben", hat aber nicht nur mit verschmähter Liebe oder Leidenschaft zu tun.

Auch in vielen anderen Bereichen des Lebens gibt es solche „Körbe". Ein Beispiel: Englands Fußballmeister Manchester City buhlt um einen begabten Nachwuchsspieler, doch der gibt den „Citizens" einen Korb und geht lieber zur lokalen Konkurrenz von United.

Der Korb gilt seit dem 17./18. Jahrhundert als Symbol der Ablehnung und wurde von den jeweils angebeteten Damen an aufdringliche, unerwünschte Freier versandt. Angeblich hat der Brauch mit dem berühmten „Fensterln" zu tun. Mädchen ließen dann einen Korb mit angebrochenem Boden vom Fenster herab. Wenn der ungebetene Don Juan hochgezogen wurde, fiel er herunter – verletzt in seinem Stolz und womöglich mit verstauchtem Knöchel. Harte Zeiten damals. Heute läuft die Kontaktaufnahme paarungsbereiter Großstädter meist übers Internet.

In der Kreide stehen ...

viel mehr Mitmenschen, als man glaubt. Im Klartext: Sie sind mehr oder weniger hoch verschuldet. Rein statistisch hatte 2018 jeder Bundesbürger – vom Baby bis zum Greis – exakt 23 797 Euro Schulden. Und nicht wenige sitzen in einer Schuldenfalle, aus der sie nur schlecht wieder herauskommen. Hoch verschuldet sind auch viele Kommunen. Die Stadt mit der höchsten Pro-Kopf-Verschuldung lag 2019 übrigens nicht im Osten und auch nicht im Ruhrgebiet. Es ist der Ort Pirmasens im Südwesten Deutschlands, der mit 8405 Euro pro Einwohner die Tabelle anführt, gefolgt von Oberhausen mit 7683 Euro.

Die Redewendung „in der Kreide stehen" stammt aus früheren Zeiten, als im Wirtshaus die Zechschulden der Trinker mit Kreide auf eine schwarze Tafel geschrieben wurden. Lange vor der Erfindung des Bierdeckels.

Mit dem Klammerbeutel gepudert ...

ist ein Mensch, dem andere eine gewisse Verrücktheit unterstellen. Wer 250 000 Euro als Anzahlung für einen Weltraumflug hinlegt, fällt in diese Kategorie. Wörtlich genommen geht es darum, dass sich jemand einen Beutel mit Wäscheklammern ins Gesicht schleudert. Als eine besondere Form von Make-up.

Vermutlich geht die Redewendung aufs Müllerhandwerk zurück, bei dem früher das gerade gemahlene Korn in einen grobmaschigen Beutel gefüllt und so durchgesiebt wurde. Der Einfachheit halber wurde der Beutel nur mit Klammern verschlossen. Ging der Klammerbeutel versehentlich auf, verschwand der Müller in einer Mehlstaubwolke und blickte vermutlich dumm aus der Wäsche.

Etwas auf die hohe Kante legen ...

steht für Vermögensbildung im klassischen Sinne. Wer Geld übrig hat, legt es zurück, um für Notfälle vorzusorgen oder sich damit einen Wunsch zu erfüllen. Der Begriff stammt aus dem Mittelalter. Begüterte Bürger deponierten damals Münzen und Schmuck auf der hohen Kante ihres Bettes, die hinter einem schweren Vorhang verborgen war, und wähnten ihre Schätze dort hinter dem Baldachin in Sicherheit. Auch in großen Truhen gab es eine hohe Kante mit einer eingebauten Lade, in der das Geld sicher verwahrt werden konnte.

Andere Quellen vermuten, dass damit aufrecht stehende Münzrollen gemeint sein könnten, die eine hohe Kante bilden. Wegen der Geldpolitik der Europäischen Zentralbank und negativer Zinsen wurde die „Hohe Kante" ungeahnt aktuell. Heutzutage gibt es sie nicht mehr im Schlafgemach, sondern im Schließfach einer Bank, wo viele ihr Bargeld bunkern.

Kokolores machen ...

Es war der bislang letzte sozialdemokratische Bundes-
kanzler Deutschlands, der erfrischend und gern auch flap-
sig formulierte – und oft von „Kokolores" sprach, wenn er
etwas als unsinnig, unglaubwürdig oder auch nur als däm-
lich empfand.

Über den Ursprung des Wortes herrscht Uneinigkeit. Manche leiten es von „Kikeri" ab, dem prahlerischen Krähen
des umherstolzierenden Hahnes, der Duden sieht eine
„pseudolateinische Endung" des mundartlichen „gokel",
was für einen ausgelassenen Scherz steht. Auch das ähnlich klingende „Gaukeln" wird genannt. Dem Kanzler a.D.
dürfte das egal sein. Jeder wusste ja, was er mit „Kokolores" meinte.

Durch die Lappen gehen ...

Es ist schon ärgerlich, wenn man die richtigen Lottozahlen ankreuzt und dann vergisst, den Schein abzugeben. Ein fettes Sümmchen ist einem dann entgangen. Die hier beschriebene Metapher trifft zu, wenn es durch einen dummen Zufall oder das eigene Verhalten versäumt wird, einen materiellen oder ideellen Gewinn zu erzielen. Oder wenn Tatverdächtige entwischen können.

Der Begriff stammt aus der Jagdsprache: Früher wurden bei Treibjagden Lappen aufgehängt, die das Wild daran hindern sollten, seitlich auszubrechen. Schafften Reh, Hirsch und Hase den Sidestep, waren sie den Jägern durch die Lappen gegangen.

Der Begriff passt auch prima zur Finanzpolitik. Weil es der Staat nicht schafft, Steuerlöcher zu schließen oder Steuersünder zu entlarven, gehen ihm und letztlich uns allen Milliarden Euro durch die Lappen.

Jemandem auf den Leim gehen ...

Zu charmant war der Typ, zu vielversprechend die Möglichkeit, mit wenig Einsatz einen satten Gewinn zu machen. Am Ende stand eine geplatzte Beziehung und ein Rekordminus auf dem Konto. Wir waren zu gutgläubig, haben uns täuschen und hereinlegen lassen, sind also jemandem auf den Leim gegangen.

Die Redewendung geht auf die Leimrute des Vogelfängers zurück, der die gefiederten Sänger in die klebrige Falle lockte. Diese Praxis ist bei uns glücklicherweise verboten. Menschen, die Politikern mit uneinlösbaren Versprechen oder zu einfachen Lösungen auf den Leim gehen, wird es aber immer geben.

Zieh Leine! ...

klingt etwas freundlicher als „Hau ab!", bedeutet aber das Gleiche: Jemand wird auf barsche Art aufgefordert, möglichst rasch zu gehen, weil sich der Sprecher über ihn geärgert hat.

Der Begriff stammt aus der Treidelschifffahrt. Flussaufwärts mussten früher „Schiffszieher" die Lastkähne mit einem oder mehreren Pferden mühsam gegen die Strömung bewegen. Das entsprechende Kommando zum Start der Aktion lautete vermutlich: „Zieh Leine!" und war deshalb nicht böse gemeint. Der Uferweg, auf dem sich Pferde und Schiffszieher bewegten, wird noch heute Treidelpfad genannt.

Lügen wie gedruckt ...

klingt wie aus der Zeit gefallen, denn im digitalen Zeitalter jagen die dreisten Falschinformationen in Millisekunden rund um den Erdball und kommen nicht nur aus der Druckerei.

Ursprünglich geht die Redewendung auf das Vorurteil zurück, dass in Zeitungen und Büchern nicht die reine Wahrheit zu finden ist. Den Autoren wird vorgeworfen, Fakten zu erfinden und andere wegzulassen, um einen bestimmten Eindruck oder eine Stimmung zu erzeugen. Begriffe wie das von der Pegida geprägte Wort „Lügenpresse", das aus der NS-Zeit stammt, oder die „Fake news" von Donald Trump haben wiederum das Ziel, den wahren Sachverhalt zu verschleiern und die Reporter oder Kommentatoren zu diskreditieren.

„Lügen wie gedruckt" trifft aber auch auf manche Falschaussage vor Gericht zu. Oder beim Gebrauchtwagenkauf, wenn das Objekt der Begierde trotz seines Alters verdächtig wenige Kilometer auf dem Tacho hat. Auch sollte man wichtige Vereinbarungen immer schriftlich dokumentieren, denn oft kann oder will sich der andere Partner nicht daran erinnern. Goethe traute den Zusagen und Versicherungen seiner Mitmenschen wohl auch nicht und ließ den Schüler in Fausts Studierzimmer sagen: „Denn was man schwarz auf weiß besitzt, kann man getrost nach Hause tragen."

Aus dem Nähkästchen plaudern ...

entstand in einer Zeit, als Frauen noch gemeinsam nähten und dabei auch über Intimes oder Geheimes redeten, das andere nicht erfahren durften. Im Nähkästchen, Nähtisch oder Nähkorb wiederum wurden Briefe und kleinere Gegenstände versteckt, von denen der Ehegatte nichts erfahren durfte.

Dass ein Nähkästchen nur bedingt als sicherer Aufenthaltsort taugt, zeigt sich in Fontanes Roman „Effi Briest" aus dem Jahr 1895, in dem der Baron von Innstetten ganz unten im Nähtisch seiner Frau Briefe von Major Crampas findet, die er besser nicht gelesen hätte.

Heute steht der Begriff für das Bekanntwerden von Interna. Was hat den Ausschlag bei einer Entscheidung gegeben? Was hat der Trainer in der Kabine gesagt? Warum ist die Ehe wirklich gescheitert? Als moderne Form des Nähkästchens gelten die sozialen Medien, über die vieles transportiert wird, das eigentlich im Nähkästchen bleiben sollte.

Die Ochsentour machen ...

steht heute für einen langen Karriereweg, der schließlich mit einem Mandat im Bundes- oder Landtag oder einem Vorstandsposten in der Wirtschaft gekrönt wird. Viele Spitzenpolitiker und Manager haben sie absolviert. Zum Beispiel bei der SPD. Der klassische Weg: Eintritt in die Partei, Beisitzer im Ortsverein, später stellvertretender Vorsitzender, Ratsmandat, Beisitzer im Unterbezirksvorstand, Schriftführer, Vorsitzender. Ähnlich geht es auch bei der anderen großen Volkspartei zu. Ebenso bei Gewerkschaften, in Verwaltungen und Firmen, wo sich jemand vom Auszubildenden bis in die Chefetage hochgearbeitet hat. Dabei ist es sicher kein Nachteil, wenn jemand den eigenen Betrieb und die Befindlichkeiten der Belegschaft gut kennt. Wer sich auf die Ochsentour begibt, fürchtet vor allem die Seiteneinsteiger, die viel weniger Zeit in Sitzungen oder an Wahlkampfständen verbracht haben und recht unangestrengt ans Ziel kommen.

Früher stand die Ochsentour für das langsame Vorankommen von Beamten und Offizieren auf dem Dienstweg, vergleichbar mit dem schwerfälligen Gang des Ochsen.

Frech wie Oskar ...

Unverschämt und dreist daher kommend, sich grinsend über Regeln und Konventionen hinwegsetzend – so jemand ist frech wie Oskar.

Über die Herkunft des Begriffs herrscht Uneinigkeit. Sicher ist wohl nur, dass er aus Berlin oder dem Brandenburgischen stammt. Der wegen seiner bissigen Kommentare gefürchtete Theaterkritiker Oskar Blumenthal (1852–1917) könnte als Namensgeber dienen. Manches weist auf die Oskar-Karikaturen der Berliner Morgenpost hin. Daneben gab es noch den berühmten Leipziger Marktschreier Oskar Seifert, der für seine respektlosen Sprüche berühmt war. Möglich ist auch, dass dieser Oskar vom jiddischen Wort „Ossoker" abgeleitet wurde, das nichts anderes bedeutet als „frecher Kerl".

Auf den Putz hauen ...

Der Trainer von Kleinkleckersdorf sagt dem FC Bayern einen heißen Pokalfight mit offenem Ende an. Der smarte Jungdynamiker preist sein Startup über alle Maßen und verspricht möglichen Investoren grandiose Gewinne. Oder ein US-Präsident twittert. Alle übertreiben maßlos, machen ziemlich unseriös auf sich aufmerksam. Sie hauen mächtig auf den Putz. Streng wörtlich genommen, müssten sie mit Fäusten oder Werkzeugen gegen eine Wand hauen – aber das ist natürlich Blödsinn. Auch mit Putz im Sinne von Hausputz hat die Wendung nichts zu tun.

Ungefähr im 17. Jahrhundert wurden schöne Hüte, Kleider und Schmuckstücke als Putz bezeichnet. Dass auf sie eingeschlagen wurde, ist aber nicht überliefert. Trotzdem bringt uns das der Sache näher. Bei Ritterturnieren, in denen Mann gegen Mann gekämpft wurde, trugen die edlen Herren stets einen imposanten Helmschmuck, den Putz. Je prachtvoller, umso furchteinflößender. Ziel des Kampfes war, dem Gegner dessen Schmuck vom Helm zu holen. Man haute also auf den Putz.

Nicht von Pappe sein ...

steht für anspruchsvolle Herausforderungen, aber auch für kräftige Personen. Beide sollte man nicht unterschätzen. Wobei mit Pappe wider Erwarten nicht Kartonpappe gemeint ist, sondern der Kleinkinderbrei, der sogenannte Papp. Wer nicht mit dem Arme-Leute-Essen, sondern mit nahrhafterem Brei aufgezogen wurde, war nicht von Pappe, also körperlich sehr stark. Und dann gibt es noch die „Rennpappe", wie der Trabi in der DDR genannt wurde.

Potemkinsche Dörfer errichten ...

wird verwendet, um mit einer prächtigen Fassade über einen Missstand hinwegzutäuschen oder etwas vorzuspiegeln, was es gar nicht gibt.

Die Redewendung wird auf den russischen Feldherrn Grigori Alexandrowitsch Fürst Potemkin zurückgeführt, der 1739–1791 lebte. Er gehört vermutlich zu den Menschen, die auf dieser Welt besonders häufig verleumdet werden. Als Zarin Katharina II. 1787 Südrussland und die Krim inspizierte, wurde ihm nachgesagt, eine Art Theaterkulisse aufgebaut zu haben, die der Herrscherin ein intaktes Landleben vorgaukeln sollte. Tatsächlich ließ er vorhandene Dörfer auf Vordermann bringen, eine Variante von „Unser Dorf soll schöner werden" auf zaristisch. Den Ruf des Vortäuschers falscher Tatsachen wurde er aber nie wieder los.

Von Pontius zu Pilatus laufen …

Fast jeder kennt es: Selbst in Zeiten des E-Governments sind Behördengänge erforderlich. Fast immer verlangt das Amt oder die Meldestelle diverse Bescheinigungen, selbstverständlich mit Stempel und Unterschriften. Man wird herumgeschickt, von Pontius zu Pilatus.

Vermutlich stammt diese Redensart aus dem Bereich der Passionsspiele. Der biblische Hintergrund ist folgendermaßen: Pontius Pilatus, der römische Präfekt von Judäa (Amtszeit 26–36 n. Chr.) schickt Jesus zu dessen Landesherrn König Herodes Antipas, der den Sohn Gottes gleich wieder zurück zu Pontius Pilatus beordert. Aus dem zweiteiligen Namen des römischen Statthalters machte der Volksmund zwei Personen.

Wichtig: Wenn die Wendung benutzt wird, bitte auf eine präzise Aussprache achten. Wer sagt, er sei von Pontius zu Pilates geschickt worden, sorgt unfreiwillig für Verwirrung.

Sich am Riemen reißen ...

heißt nichts anderes als: „Konzentrier dich auf deine Aufgabe. Lass dich nicht immer ablenken und strenge dich endlich mal an."

Der Riemen steht bei dieser Wendung für den Gürtel des Mannes, der vor einer Arbeit noch einmal fester geschnallt wird, um das Rutschen der Hose zu verhindern. Gut möglich, dass auch das Koppel des Soldaten damit gemeint ist.

Von der Rolle sein ...

das passiert jedem mal. Umgangssprachlich bedeutet dies: jemand ist unkonzentriert, wirkt unglücklich, macht Fehler und verhält sich weitaus weniger souverän als gewohnt. Die Gründe sind vielfältig: Ärger im Beruf oder in der Familie, vielleicht aber nur eine schlaflose Nacht können die Gründe sein. Oder der verpatzte Aufstieg eines Lieblingsvereins ins Fußball-Oberhaus.

Der Begriff stammt übrigens aus dem Bahnradsport. Beim Steherrennen kommt es für den Radsportler darauf an, permanent an der Rolle zu bleiben, die am vor ihm fahrenden Motorrad montiert ist. Wer bei Spitzengeschwindigkeiten von über 100 km/h von der Rolle ist, verliert den Windschatten und hat ein Problem. Sowohl im Velodrom als auch im übertragenen Sinne im täglichen Leben.

Jemandem etwas in die Schuhe schieben ...

heißt nichts anderes, als anderen die Schuld für etwas zu geben, das man womöglich selbst getan hat. Gemeint ist also eine spezielle Art von Mobbing, die ihren Ursprung in alten Zeiten hat.

Damals übernachtete das fahrende Volk gemeinsam in Herbergen. Da nicht von der Hand zu weisen war, dass einige der Leute alles mitnahmen, was ihnen wertvoll erschien, kam häufiger mal die Polizei vorbei, um nach Diebesgut zu suchen. Vor der Razzia wurden die geklauten Dinge dann schnell in die Schuhe eines ahnungslosen Herbergsgastes geschoben, um ja nicht selbst unter Verdacht zu geraten.

In Schwulitäten geraten ...

kann sehr unangenehm sein. Die Kreditkarte wurde ge-
klaut, ein wichtiger Termin verpasst, das Punktekonto in
Flensburg überzogen – wen es trifft, der gerät auf jeden
Fall in Schwierigkeiten oder in Verlegenheit, sprich in
Schwulitäten. Schicksalhafte Wendungen sind damit nicht
gemeint, eher die ärgerlichen Missgeschicke des Alltags.
Mit schwul sein, also Homosexualität, hat der Begriff
nichts zu tun. Er wurde in der zweiten Hälfte des 19. Jahrhunderts von „schwül" abgeleitet, was laut Duden in der
alten Bedeutung für bänglich, ängstlich und beklemmend
steht.

Jemanden im Stich lassen ...

Wem in der Not, bei Gefahr oder anderen schwierigen Situationen nicht geholfen wird, obwohl das vielleicht möglich ist, der wird im Stich gelassen. Da ist ein Vater, der Frau und Kinder im Stich lässt, sie verlässt. Die Bank, die dem Unternehmen trotz guter Prognosen den Kredit kündigt. Der hoffnungsvolle Fußballer (mal wieder), der sein Versprechen bricht und den Verein wechselt, weil er doch lieber dem Lockruf des Geldes folgt. Beispiele dieser Art begegnen uns täglich.

Ursprung ist wohl der altertümliche Kampf mit Stichwaffen: Wenn ein Mitstreiter beim Turnier seine Kameraden verlässt, überlässt er sie dem Stich des Gegners.

Auf den Sack gehen ...

ist eine derbe Formulierung, wenn etwas lästig oder nervig ist und sich ständig wiederholt. Zum Beispiel eine lang anhaltende Regenperiode. Oder die Tatsache, dass immer der gleiche Club Deutscher Fußballmeister wird.

Und ja, gemeint ist der Hodensack, was aber auch Frauen nicht davon abhält, den Sack als Zeichen ihres Missvergnügens zu erwähnen. Der Begriff hat eindeutig einen Bezug zum Skrotum. Auch „Nüsse" oder „Eier" werden genannt, wenn es sich um eine nervende Situation handelt. In einer anderen Deutung geht es um Säcke, die an einer Grundstücksgrenze ausgelegt werden. Wer sie übertritt, kommt dem Besitzer des Areals zu nahe.

In Sack und Asche gehen ...

stammt aus dem Alten Testament. Heute gilt die Redewendung als Synonym für tiefe Reue und den Wunsch, der Welt kundzutun, dass der „Sünder" einsieht, Mist gebaut zu haben, den er am liebsten ungeschehen machen würde.

Aus der Schule plaudern …

hat nichts mit der pädagogischen Einrichtung Schule zu tun. Die Aussage steht für Wissen, das bislang für begrenzte Kreise bestimmt war und nun der Allgemeinheit zur Verfügung gestellt wird. Zum Beispiel: Nach welchen Kriterien wählt die Tagesschau ihre Nachrichten aus? Welcher Spieler hat die besten Fitness-Werte?

Der Begriff stammt aus alten Zeiten, in denen der Besuch von Schule und Universität ein Privileg war. Das dort erlangte Wissen sollte möglichst nicht anderen Schichten zugänglich gemacht werden. Wer darüber plauderte, stellte sich gegen seinen Stand und bekam Ärger.

Treulose Tomate ...

gilt als freundliche Umschreibung für jemanden, der die Freundschaft nicht pflegt und Verabredungen und Vereinbarungen nicht einhält. Ein nett verpackter Tadel mit dem Subtext: Das musste ich dir mal sagen, ist aber nicht so schlimm.

Doch was hat das vitaminreiche Nachtschattengewächs mit Primärtugenden wie Treue gemein? Eine Deutung hat mit der angeblich aphrodisierenden Wirkung der Tomate zu tun, die deshalb auch „Liebesapfel" genannt wird. Es ist gut möglich, dass im Tomatenrausch so mancher Treueschwur eine geringe Halbwertszeit besitzt. Außerdem verderben Tomaten schnell. Die Assoziation mit „treulos" macht also durchaus Sinn. Und: Als die für ihre Liebe zu Tomaten bekannten Italiener im Ersten Weltkrieg den Dreibund mit Deutschland und Österreich-Ungarn verließen und sich den Alliierten anschlossen, galten sie als treulos und unzuverlässig.

Etwas aufs Tapet bringen ...

Wer ein Thema anschneidet, eine Sache erstmals erörtert, bringt es aufs Tapet. Doch was ist dieses Tapet eigentlich, das von Witzbolden oder unwissenden Vorturnern auch gern als Trapez bezeichnet wird?

Der Begriff kommt vom lateinischen „tapetum" (= Teppich), und der diente im Mittelalter meist als Wandbehang oder Tischdecke – viel zu kostbar, um darauf herumzulaufen. Meist waren diese Teppiche in Sitzungszimmern zu finden, in denen sich hohe Herren zu Beratungen trafen. Der Vorgang kam dann aufs Tapet.

Auf Trallafitti gehen ...

macht mit Sicherheit Spaß. Vor allem im Ruhrgebiet steht der Begriff für „um die Häuser ziehen", vergnügt außerhalb der eigenen vier Wände beisammen sein. Am besten ohne Partner, falls dieser zum Lachen in den Keller geht. Woher das Wort „Trallafitti" stammt, weiß nicht einmal Wikipedia. Wir vermuten mal, dass es mit dem fröhlichen „Tralala" aus diversen Volksliedern zusammenhängt.

Auf die Tube drücken...

Alles klar: Wir sollen Gas geben, schneller mit dem Auto fahren oder den Job möglichst rasch erledigen, denn die Zeit drängt. Mit dem Ausquetschen der Zahnpastatube hat die Redewendung aber nichts zu tun. Vielmehr ist mit Tube der Vergaser des Verbrennungsmotors gemeint.

Aus allen Wolken fallen ...

ist eine mitunter schmerzhafte und überraschende Begegnung mit der Wirklichkeit, die man sich ganz anders vorgestellt hatte. Ein Rücksturz aus der Traumwelt in die Realität sozusagen. Beispiele gibt es genug: Da ist der Käufer des alten Hauses, der dem Einzug entgegenfiebert, dann aber feststellt, dass die Wand hinter einem Schrank feucht und voller Schwamm ist. Er fällt aus allen Wolken. Ebenso der Ehemann, der seine treusorgende Gattin zufällig im Auto eines Nebenbuhlers entdeckt, von dem er keine Ahnung hatte – und mit dem sie offenbar sehr vertraut ist. Oder der Firmenchef, dem die Quartalszahlen verraten, dass er weit unter Plan liegt.

Der Begriff stammt von Aristophanes, der in seiner Komödie „Die Vögel" vom Wolkenkuckucksheim schreibt, einer Stadt in den Wolken. Wer aus den Wolken fällt und hart landet, tut sich weh – in der griechischen Komödie, aber auch im täglichen Leben.

Jemandem ein X für ein U vormachen ...

heißt natürlich, dass hier jemand andere belügt oder täuscht, weil er sich davon Vorteile verspricht. Man denke nur an die Amtseinführung eines US-Präsidenten in Washington. Dem Volk sollte mit manipulierten Fotos der Eindruck vermittelt werden, dass nie zuvor so viele Besucher zur Inaugurationsfeier gekommen waren als bei dieser. Kritische Medien deckten den Schwindel auf. Der Pressesprecher des Präsidenten blieb jedoch bei der Darstellung und sprach von „alternativen Fakten".

Zurück zur Wendung: „Jemandem ein X für ein U vormachen". Warum die beiden Buchstaben, und nicht ein K für ein L oder andere Kombinationen? Die Antwort hat mit den römischen Zahlzeichen zu tun, die bis zum 15./16. Jahrhundert fast ausschließlich verwendet wurden. Sie wissen schon: I steht für Eins, V für Fünf und X für Zehn. Verlängert man die beiden Schenkel des V nach unten, erhält man ein X, also das Doppelte. Ein simpler Trick, mit dem manche Gläubiger den Wert eines Schuldscheins mal eben um 100 Prozent erhöhten – und den Schuldner tiefer ins Elend stürzten. Weil das V im lateinischen Alphabet oft durch das deutsche U wiedergegeben wurde, kam es zu dieser Redewendung.

Wie Zieten aus dem Busch kommen ...

Wenn jemand plötzlich und unerwartet auftaucht und ins Geschehen eingreift, kommt er wie Zieten aus dem Busch. Wobei mit Busch ein Wäldchen oder ein schwer einsehbares Gelände gemeint ist.

Die Redewendung ist auf den preußischen Reiterführer Hans Jochen von Zieten (auch Ziethen) zurückzuführen, der während des Siebenjährigen Krieges (1756–1763) mit seiner Überraschungstaktik große Erfolge erzielte. Besonders oft in den Geschichtsbüchern erwähnt wird dabei der Sieg gegen Österreich in der Schlacht von Torgau am 3. November 1760. Kleine Einheiten, schneller Angriff und zügiger Rückzug – mit dieser Methode kam Zieten zu Ruhm und Ehre. Von Preußenkönig Friedrich II. (Der Alte Fritz) wurde er nicht nur wegen seiner strategischen Fähigkeiten, sondern auch wegen seiner menschlichen Qualitäten sehr geschätzt.

Im Zeitalter von Satellitenaufklärung und Drohnen sind Überraschungsangriffe kaum noch möglich. Trotzdem lebt der Begriff weiter. Ein Beispiel: Bei der Hauptversammlung eines Vereins tritt ein Mitglied, das bisher wenig aktiv war, als Kandidat bei den Wahlen zum Vorstand an und erhält prompt die Mehrheit. Die Frau oder der Mann kam wie Zieten aus dem Busch.

Jemandem eine Zigarre verpassen ...

klingt umgangssprachlich doch viel besser, als einen Verweis oder eine Rüge erteilen. Der Ausdruck kommt vermutlich aus der Soldatensprache. Vor einem ordentlichen Rüffel sei es üblich gewesen, dem Untergebenen eine Zigarre anzubieten. Aus verschiedenen Gründen werden Zigarren heute nur noch im übertragenen Sinne verpasst. In den Räumen herrscht in der Regel Rauchverbot.

Auf Zack sein ...

heißt, mit einer schnellen Auffassungsgabe gesegnet sein, aber auch, eine Aufgabe sicher und schnell erledigen zu können, einen wichtigen Termin nicht zu verpassen oder in einer bestimmten Situation richtig zu reagieren. Wer ins Studium einsteigt, muss auf Zack sein und sich rechtzeitig um Seminarplätze kümmern. Der Unfallzeuge war auf Zack – er kam sofort mit seinem Feuerlöscher.

Etwas auf Zack bringen wiederum bedeutet in diesem Zusammenhang, eine Sache in einen ordentlichen Zustand versetzen. Die Interjektion „Zack" steht für eine flinke, nicht gerade geschmeidige Bewegung, mit der schnell ein bestimmtes Ergebnis erreicht werden soll. Vermutlich wurde Zack lautmalerisch von Blitz abgeleitet.

Der Begriff stammt aus der Soldatensprache: Bei der Truppe durfte es nie gemächlich zugehen und seinen Vorgesetzten musste man immer zackig gegenübertreten, oft mit zusammengeschlagenen Hacken. „Jawoll, Herr Leutnant", oder ähnlich.

Warum sich die gesengte Sau einen Storch brät und des Pudels Kern entdeckt.

Tiere spielen oft die Hauptrolle.

Mich laust der Affe ...

sagt jemand, der völlig erstaunt oder überrascht ist. Doch wo liegt hier die Verbindung zwischen Affen und Menschen? Vermutlich auf den Jahrmärkten des 19. Jahrhunderts, auf denen die Gaukler häufig mit einem Affen im Schlepptau durchs Publikum streiften. Manchmal sprang der Affe dann auf die Schulter eines Jahrmarktbesuchers und tat so, als wolle er ihm Läuse aus dem Haar holen – sehr zur Gaudi der Zuschauer.

Dem Affen Zucker geben ...

bedeutet dagegen, seine eigenen Marotten und Wünsche auszuleben. Oder seine Eitelkeit zu bedienen. Oder die anderer. Ein passendes Beispiel ist der Brexit. Am laufenden Band lieferten seine Befürworter Horrorgeschichten über die vermeintliche Fesselung und Bevormundung der Briten durch die EU. Es waren bewusst gestreute Falschinformationen, die aber ihr Ziel erreichten. Die bereits existierenden Vorbehalte wurden dadurch noch verstärkt – dem Affen wurde Zucker gegeben – und die Befürworter des Austritts lagen bei der Abstimmung knapp vorn.

Die Redewendung stammt aus Alt-Berlin. Damals saß auf der Drehorgel des Leierkastenmannes ein Äffchen, das mit allerlei Kunststücken die Menschen amüsierte. Um den Affen bei Laune zu halten, bekam er dann und wann ein Stück Zucker und war so drollig wie zuvor.

Butter bei die Fische geben ...

tut grammatikalisch erst einmal ziemlich weh. Aber darum geht es hier nicht. Wenn jemand endlich auf den Punkt kommen, die für ihn unbequeme Wahrheit sagen soll, fordert man ihn auf, „Butter bei die Fische" zu geben.

Die Redewendung kommt aus der Küche. Früher wurde kurz vorm Auftragen zu gebratenem oder gebackenem Fisch ein Stückchen Butter gegeben, das nicht zerlaufen sollte – weshalb dann sofort mit dem Essen begonnen werden musste. Der Begriff lässt sich auch mit „Rück endlich mit der Sprache raus" übersetzen.

Jemandem einen Bären aufbinden ...

„Niemand hat die Absicht, eine Mauer zu bauen", verkündete der damalige DDR-Staats- und -Parteichef Walter Ulbricht am 15. Juni 1961. Zwei Monate später begann der Bau der Berliner Mauer – und Ulbricht hatte der Welt eine unwahre Geschichte erzählt. Er hatte ihr einen riesigen Bären aufgebunden. Er war als Lügner entlarvt.

Woher die Redewendung vom aufgebundenen Bären stammt, ist unklar. Einen realen Bären unbemerkt aufgeschnallt zu bekommen, ist wohl kaum möglich. Deshalb wird meist der Bär als Inbegriff einer schweren Lüge als Last interpretiert. Eine weitere Deutung stammt aus Wien und steht für „schwer verdauliche Prahlereien". Sie gefällt uns am besten.

Jemandem einen Bärendienst erweisen ...

Eigentlich ist der berühmte Bärendienst eine gut gemeinte Unterstützung, die in einem Fiasko endet. Ein Beispiel: Der Kavalier hilft der Dame galant bei der Reifenpanne, lässt dabei aber zwei wichtige Radschrauben in den Gully rollen. Jetzt muss doch der Pannendienst kommen, Madame verliert viel Zeit.

Ursprung der Redewendung ist wie so oft eine Fabel von La Fontaine: Bär und Gärtner arbeiten gut zusammen. Doch als sich eine Fliege auf der Nase des schlummernden Gärtners niederlässt und nicht von der Bärenpranke weggewedelt werden kann, lässt sich Meister Petz zu einer Überreaktion hinreißen. Er erschlägt die Fliege mit einem Stein. Und damit auch den Gärtner.

Eulen nach Athen tragen ...

bedeutet, etwas Überflüssiges zu tun, wofür keinerlei Bedarf besteht. Die Eule kam in Athen und Attika sehr häufig vor, wurde als kluger Vogel verehrt und war ein Attribut der Schutzgöttin Athene. Ab dem 6. Jahrhundert war sie sogar auf den attischen Münzen zu sehen.

In seinem Theaterstück „Die Vögel" lässt der Dichter Aristophanes eine Eule auftreten und anschließend jemanden fragen: „Wer hat die Eule nach Athen gebracht?" – mit dem Subtext, dass dies wegen der damals übergroßen Eulenpopulation nicht nötig gewesen wäre.

Dummer Esel ...

Die Grautiere sind intelligenter als Pferde, gewiefter bei der Futtersuche und können unter Umständen sogar selbstständig Türen öffnen. Und sie hören ungern auf Befehle, weshalb man ihnen eine gewisse Sturheit zuschreibt. Esel haben eine Haltung und deshalb unseren Respekt verdient.

Wie ein Elefant im Porzellanladen ...

Wenn so ein tonnenschwerer Dickhäuter den Laden mit teurem Meißen- oder Chinaporzellan betritt, geht einiges zu Bruch. Im wahren Leben dürfte diese Situation nur selten auftreten, dafür wird der Vergleich im allgemeinen Sprachgebrauch aber gern und oft verwendet.

Wer es an Empathie vermissen lässt, sich ungeschickt, taktlos unhöflich und plump verhält, benimmt sich wie ein Elefant im Porzellanladen. Gute Beziehungen werden dadurch gestört, Werte missachtet. Ähnlichkeit mit einem US-Präsidenten sind rein zufällig.

Übrigens: So tollpatschig, wie Elefanten in der Redewendung beschrieben werden, sind sie in Wirklichkeit gar nicht. Es handelt sich um sensible, vorsichtige Wesen, die eine ungewohnte Umgebung stets zunächst mit dem Rüssel abtasten, bevor sie sich nähern.

Der Fisch stinkt vom Kopf her ...

besagt nichts anderes, als dass die Führung einer Organisation dafür verantwortlich ist, wenn etwas nicht funktioniert. Oder, dass Tugenden wie Ehrlichkeit oder Verantwortungsbewusstsein von jenen vernachlässigt werden, die sie eigentlich vorleben müssten.

Ein gutes Beispiel dafür liefert der Dieselskandal: Weil die Chefs der Autokonzerne gute Ergebnisse fordern, fühlen sich einige der ausführenden Entwickler stark unter Druck gesetzt und wenden illegale Methoden an, manipulieren die Software für die Abgasmessung. Bei einem vertrauensvollen, wertschätzenden Miteinander wäre das wohl nicht passiert. Gleiches gilt für Vereine, Verbände und sogar Familien. Fehlt es an Kompetenz und/oder Charakterstärke, nimmt die Krise ihren Lauf. Das Führungsversagen zieht sich wie ein roter Faden durch die Jahrtausende. Wie und wo die Redensart entstand, ist unklar. Manche vermuten sie in der Antike.

Einen Floh im Ohr haben ...

heißt, sich mit einer scheinbar verrückten Idee zu beschäftigen, deren Realisierungschancen aber sehr gering sind. Meist glauben die Menschen im Umfeld dann, derjenige sei etwas durcheinander. Wer meint, ohne große Vorbereitung und ohne Geld den Mount Everest bezwingen zu können, hat sicherlich einen Floh im Ohr. Dieser springt – im übertragenen Sinn – im Lauschorgan herum, will Gegenargumente nicht hören. Es gibt aber auch Menschen, die anderen einen Floh ins Ohr setzen, sie mit einer unausgegorenen Idee begeistern wollen. Meist ist ein gewisser Eigennutz dabei.

Es zieht wie Hechtsuppe …

steht für einen unangenehmen Luftzug. Was aber hat das mit einer Fischsuppe zu tun? Manche leiten den Begriff vom jiddischen „hech soppa", was „starker Wind" bedeutet, ab. Andere Erklärer meinen zu wissen, dass Fischsuppe, insbesondere mit Hecht, sehr lange ziehen muss und daraus ein Wortspiel entstanden ist. Diese Redewendung ist auf jeden Fall leichter zu sprechen und zu schreiben als „Es zieht wie Bouillabaisse".

Hier liegt der Hase im Pfeffer ...

Der Bau kommt einfach nicht voran, die Handwerker erscheinen nur sporadisch. Angeblich gibt es technische Probleme. Doch in Wirklichkeit hat die Bank den Geldhahn zugedreht. Hier liegt also der Hase im Pfeffer – eine Redewendung, die seit dem 17. Jahrhundert bekannt ist. Wenn es darum geht, die wahre Ursache einer Schwierigkeit zu benennen, muss auch heute noch Meister Lampe herhalten.

Doch wie kommt die Verbindung des Langohrs mit Pfeffer zustande? Wir ahnen es bereits: Es hat wohl mit der Fleischzubereitung zu tun, denn der Hase wurde früher in einer Pfefferbrühe gegart. Und wer nicht weiß, wo sich Hase und Pfeffer befinden, muss hungern. Oder im übertragenen Sinn: Der hat keinen Erfolg, kommt nicht ans Ziel. Zurück zur Kulinarik: Wenn die Hasenteile vor dem Braten ein paar Tage in Buttermilchbeize liegen, wird ihr Fleisch besonders zart.

Ich muss mit dir ein Hühnchen rupfen ...

Es könnte eine verheißungsvolle Perspektive sein, wenn es sich um ein freilaufendes Bio-Huhn handelt, das anschließend kunstvoll zubereitet auf dem Esstisch landet – vielleicht als Huhn in Zitronensoße. Tatsächlich steht der Begriff für einen Groll oder Ärger, den jemand hegt und den er gegenüber dem Verursacher zur Sprache bringen will. Und das am besten unter vier Augen.

Entstanden ist der Begriff wohl im 17. oder 18. Jahrhundert, als die Frauen gemeinsam das Geflügel vom Federkleid befreiten – eine zeitraubende Angelegenheit, bei der zwangsläufig viel geredet und auch gestritten wurde.

Ein Beispiel: Beim Fußball war die Abwehr stets einen Schritt zu spät. Grund genug für den Trainer, hinter verschlossenen Türen mit der Schlafwagenabteilung ein Hühnchen zu rupfen.

Da lachen ja die Hühner ...

und weiter geht das Federvieh-Bashing. Hühner gelten als dumme Tiere, die einfach losgackern, also lachen, wenn ihnen etwas auffällt. Wenn jemand scheinbar unsinnig handelt oder für alle erkennbar schräge oder unglaubwürdige Theorien entwickelt, greift diese Wendung. Gern genanntes Beispiel: Elvis lebt! Gegackert wird allerdings nicht nur im Hühnerstall.

Ein toller Hecht sein ...

bedeutet, dass jemand gut aussieht, mutig und clever ist und viel Erfolg hat. Ein echter Draufgänger. Frauen verehren und Männer bewundern ihn. Hans Albers und Jean-Paul Belmondo verkörperten in ihren Filmen den tollen Hecht in Perfektion. Dabei ist der reale Hecht ein Raubfisch, vor dem andere Fische flüchten, um nicht gefressen zu werden.

Im übertragenen Sinn stand Hecht früher für einen Menschen, der andere ausplündert. Das ist lange her. Für die räuberische Komponente sorgt heute der Hai, zum Beispiel als Miethai oder Kredithai.

Klappe zu, Affe tot ...

heißt es, wenn eine Sache definitiv erledigt ist. Die Literatur verortet die Redewendung einhellig in der Zirkuswelt, in der am Kassenhäuschen ein Affe in einer geöffneten Kiste oder einem Kasten saß, um die Leute anzulocken. War die Klappe zu, hatte es vermutlich den Affen irgendwie erwischt.

Die Katze im Sack kaufen ...

sollte man möglichst nicht. In der Umgangssprache steht
der Begriff dafür, etwas ungeprüft zu kaufen oder zu übernehmen. Stellt sich die Ware dann als fehlerhaft heraus,
hat man ein Problem. Deshalb empfiehlt es sich, beim Gebrauchtwagenkauf vorher eine Testfahrt zu machen. Oder
ein kompliziertes Vertragswerk vor der Unterzeichnung
einem sachkundigen Anwalt zu zeigen.

Früher wurde auf Märkten in einem unbeobachteten Moment oft eine Katze in einen Sack getan, obwohl der Käufer
für ein viel wertvolleres Ferkel oder für ein Kaninchen gezahlt hatte.

Die Kuh vom Eis holen ...

Gern und oft verwenden wir diese Redewendung, wenn es darum geht, eine gefährliche Situation abzuwenden, einen drohenden Konflikt zu entschärfen oder eine Blamage zu verhindern. Ein klassisches Beispiel sind Tarifverhandlungen: Übernächtigte Gesprächspartner in schlecht sitzenden Anzügen beklagen, dass die jeweilige Gegenseite den letzten wichtigen Punkt nicht akzeptieren will und deshalb alles für die Katz sein würde. Es wird nachverhandelt, ein Kompromiss gefunden – und die Kuh ist vom Eis. Gleiches gilt für Postenschacher in der Politik.

Wie viele andere Metaphern ist auch diese bäuerlichen Ursprungs. Bei strengem Frost verirren sich Kühe schon mal aufs Eis, wo sie mitunter regungslos herumstehen. Sinken die Temperaturen weiter, droht das Rindvieh festzufrieren. Steigen sie, könnten die Tiere einbrechen. Was früher eine heikle Situation für den Landmann darstellte, ist bei der heutigen Massentierhaltung kaum noch denkbar.

Das geht auf keine Kuhhaut ...

ist ebenso populär und kommt ins Spiel, wenn jemand maßlos überzieht, ein unerhörtes Verhalten an den Tag legt oder sich nicht an geschriebene oder ungeschriebene Gesetze hält.

Die Wendung beruht auf mittelalterlichem Glauben, wonach der Teufel vor dem Jüngsten Gericht einem Auferstandenen sein auf einer Kuhhaut notiertes Sündenregister präsentiert. Was auf der Liste keinen Platz mehr findet, überschreitet die Grenze des Zumutbaren.

Krokodilstränen weinen ...

steht für eine heuchlerische, unehrliche Anteilnahme, und das bezieht sich nicht nur auf Todesfälle. Es sind falsche Tränen. Wer solche Krokodilstränen vergießt, dem ist das Schicksal des Toten oder Gescheiterten im Grunde egal. Möglicherweise profitiert er sogar davon.

Beispiele gibt es genug: Ob im Berufsleben oder in der deutschen Politik, in der Martin Schulz vor der Bundestagswahl als EU-Parlamentspräsident startet, als SPD-Kanzlerkandidat grandios scheitert und schließlich als einfacher Bundestagsabgeordneter endet. Viele seiner Parteifreunde weinten damals Krokodilstränen, denn sie hatten ihn im Wahlkampf schlecht beraten.

Schon die Gebrüder Grimm beschäftigten sich mit dem Begriff. Danach weint ein Krokodil wie ein Kind, um sein Opfer anzulocken. Ganz daneben lagen die Grimms in ihrem Wörterbuch nicht, denn der Duden führt wissenschaftliche Erkenntnisse an, nach denen Weinen auf die Quäktöne der noch im Ei steckenden Jungen zurückgeht, die wenig später dann ausschlüpfen. Echte Krokodilstränen fließen, weil bei den Tieren Speichel- und Tränendrüsen so dicht beieinander liegen, dass beim Fressen zugleich letztere angesteuert werden. Möglicherweise scheiden die Tiere aber auch das Salz, das sie durch die Nahrung aufnehmen, mit einem tränenähnlichen Sekret wieder aus.

Jemandem ist eine Laus über die Leber gelaufen ...

Ein mürrischer Gruß, eine verkniffene Miene – der Kollege hat sich offenbar mächtig über etwas geärgert, ist stinksauer und lässt nun das Umfeld an seiner Befindlichkeitsstörung teilhaben. Ihm ist wohl eine Laus über die Leber gelaufen. Stress mit dem Chef, Krach zu Hause oder ganz banale Ereignisse, die uns gegen den Strich gehen – Gründe, schlechte Laune zu haben, gibt es genug. Doch warum muss die Leber für diese Metapher herhalten? Und was hat die kleine Laus damit zu tun?

Ganz einfach: Im Altertum galt die Leber als Urheber des Bluts. Auch Triebe, Temperament und Gefühle wurden von hier gesteuert. Ärger aller Art drückt also auf die Leber. Die Laus steht als Sinnbild für den nichtigen Anlass, aus dem wir uns oft die Stimmung verderben lassen. Eine weitere Begründung: Die Alliteration von Laus mit Leber.

Schlafen wie ein Murmeltier ...

würden viele Menschen gern, die Probleme mit dem Schlummer haben. Wem hingegen ein langer und tiefer Schlaf vergönnt war, der hat geschlafen wie ein Murmeltier.

1:1 übernehmen sollte man die Schlafgewohnheiten des putzigen Nagetiers aus dem Hochgebirge aber nicht. Murmeltiere fallen im Herbst in einen langen Winterschlaf und rühren sich dann sechs bis sieben Monate nicht mehr.

Und dann gibt es noch den Kultfilm „Und täglich grüßt das Murmeltier" aus dem Jahr 1993, dessen Titel ebenfalls zu einer Redewendung wurde. Bill Murray erlebt darin als TV-Wetterfrosch immer wieder den gleichen Tag. Wenn sich etwas häufig wiederholt, wird der Satz leicht genervt zitiert. Der Ort, an dem der Film spielt, heißt übrigens Punxsutawney.

Da beißt die Maus keinen Faden ab ...

klingt etwas milder als „Da kann man nichts machen" oder „Das ist nicht zu ändern", meint aber das Gleiche: Diese Entwicklung ist nicht mehr zu verhindern.

Für die Entstehung der Redensart gibt es mehrere Erklärungen. Am häufigsten wird dabei ein Schneider genannt, der einem Kunden versichert, der teure Stoff für den neuen Anzug sei bei ihm so gut gelagert, dass selbst Mäuse davon keinen Faden abbeißen könnten.

Gern erwähnt wird auch die Fabel vom Löwen und der Maus: Weil der König der Steppe einmal ein Mäuslein verschonte – vermutlich war sie ihm als Pausensnack zu klein –, revanchierte sich der kleine Nager, als der Löwe in ein Fangnetz geriet, und zerbiss die Stricke.

Lutz Röhrich wiederum erwähnt die heilige Gertrud von Nivelles, die durch ihr Gebet eine Mäuse- und Rattenplage verhinderte. Mäuse, die während des meditativen Spinnens am Faden nagen wollten, wurden dadurch vertrieben.

So ganz geklärt werden kann der Ursprung der Redewendung aber nicht – da beißt die Maus keinen Faden ab.

Aus einer Mücke einen Elefanten machen ...

Es passiert eigentlich täglich, dass eine Kleinigkeit zum großen Drama aufgebauscht wird. Die Beule am Kopf, die man sich morgens am Kleiderschrank geholt hat, entwickelt sich im Laufe des Tages zu einer mittelschweren Gehirnerschütterung. Aus dem Parkplatzrempler wird ein Totalschaden. Oder der Wunsch des Partners, mal allein auszugehen, bläht sich zu einer veritablen Beziehungskrise auf. Dabei ist alles völlig harmlos. Dazu ein Rat aus der Fußballersprache: Haltet den Ball flach.

Man hat schon Pferde kotzen sehen ...

ist eine ziemlich drastische Umschreibung für einen Vorgang, den eigentlich jeder für undenkbar hält. Oder dafür, dass nichts unmöglich ist. Pferde können übrigens unter normalen Umständen nicht erbrechen.

Sich pudelwohl fühlen ...

Alles ist gut, wir sind satt und zufrieden und fühlen uns pudelwohl. Doch warum muss unbedingt ein Pudel herhalten, um unsere Befindlichkeit zu beschreiben? Dackel, Bernhardiner oder Rehpinscher tun es doch auch.

Die Erklärung: Der Pudelhund liebt das Wasser und wurde deshalb früher oft bei der Wasserjagd eingesetzt. Er kam zu seinem Namen, weil er so gerne im Wasser plantscht, was damals umgangssprachlich auch „pudeln" genannt wurde.

Mit des Pudels Kern ...

Gemeint ist damit der wahre Grund, aus dem etwas geschieht, oder die eigentliche Ursache für etwas.

Die Redensart stammt von Goethe: In Faust I nähert sich Mephisto Faust in Gestalt eines schwarzen Pudels.

Wie eine gesengte Sau ...

„Der fährt wie eine gesengte Sau", kommt uns schnell über die Lippen, wenn jemand viel zu schnell und rücksichtslos über die Straße brettert. Oder wenn sich jemand allgemein nicht an Regeln hält, andere vor den Kopf stößt.

Vermutlich stammt die Wendung von Jägern: Wenn der Schuss das Wildschwein nicht waidgerecht trifft, sondern nur die Schwarte versengt, rennt es panisch davon. Das Hausschwein, dem nach dem Schlachten die Borsten abgesengt werden, scheidet demnach als Namensgeber aus. Als Schweinehälfte läuft es ja relativ unrund.

Unter aller Sau ...

heißt es, wenn jemand absolut schlecht gearbeitet hat, egal ob in Schule, Betrieb oder Haushalt. Besonders oft fiel die Redewendung in der Partie Südkorea–Deutschland bei der Fußball-WM 2018 in Russland.

„Kein Schwein ruft mich an, keine Sau interessiert sich für mich", klagt dagegen Bariton Max Raabe, Mitbegründer des Palast-Orchesters Berlin, in einem seiner bekanntesten Songs. Andere haben dagegen „saumäßig" viel Glück oder fühlen sich „sauwohl". Die Sau steht also für beide Seiten des Lebens.

Mit unserem Borstenvieh hat der Begriff allerdings nichts zu tun. Experten glauben, dass er vom jiddischen Wort „Seo" abgeleitet wurde, das „Maßstab" bedeutet. Unter aller Sau heißt also „Maßstab verfehlt." Passt.

Da brat mir einer 'nen Storch ...

gilt als Ausdruck allergrößter Verwunderung. „Der SV Unterstaubheim ist tatsächlich deutscher Fußballmeister" fällt in diese Kategorie. Aber Vorsicht, Hoffenheim hatte vor 20 Jahren auch niemand auf dem Schirm.

Dass tatsächlich irgendwann ein Storch gebraten wurde, ist kaum möglich. Störche gelten in der germanischen Mythologie als Fruchtbarkeitssymbole und Glücksboten. Sie bringen Kinder zu den Eltern. Wer sie vertreibt, zieht das Unheil an. Also: Seid lieb zu den Störchen.

Ich glaub, mein Schwein pfeift ...

Da Schweine nicht pfeifen können, sondern grunzen, wird damit eine surreale Situation zum Ausdruck gebracht. Tenor: So etwas ist nicht möglich, niemand kann das verstehen oder nachvollziehen.

Laut Literatur entstanden in den 1960er-Jahren eine Reihe solcher Redewendungen, die eine Absurdität beschreiben. Zum Beispiel: „Ich glaub, mein Hamster bohnert" oder „Ich glaub, mein Goldfisch hat ein Holzbein".

Abgehen wie Schmidts Katze ...

ist ein geflügeltes Wort, das verwendet wird, wenn jemand ein hohes Tempo vorlegt oder blitzartig verschwindet. Mit dem possierlichen Haustier einer Familie Schmidt, von denen es Hunderttausende in Deutschland gibt, hat die Redewendung aber nichts zu tun.

Der Name Schmidt oder auch Schmitz ist vom Beruf des Schmiedes abgeleitet. Zu jeder Schmiede gehörte früher eine Katze, die Mäuse und Ratten von der Werkstatt fernhalten sollte. Wenn der Schmied mit großer Kraft auf den Amboss schlug, nahm der schreckhafte Mäusejäger jedes Mal sofort Reißaus.

Heulen wie ein Schlosshund ...

Ziemlich boshaft, diese Redewendung, wird doch das Weinen eines Menschen, sei es aus Kummer oder Schmerz, aber auch vor Glück, mit dem Geheul eines angeketteten Hundes verglichen, der auf einem Schloss gehalten wird. Da Schlösser meist leicht erhöht liegen, sind die Klagelaute des Vierbeiners weithin hörbar.

Zur Ehrenrettung der Umgangssprache sei aber erwähnt, dass „Heulen wie ein Schlosshund" nicht verwendet wird, wenn es um die Reaktion von Menschen auf wirklich tragische Ereignisse, um echte Trauer geht. Umso häufiger müssen die Schlosshunde und ihr Geheule sprachlich herhalten, zum Beispiel beim Elfmeterschießen nach 120 Minuten großem Kampf. Manche der Verlierer heulen aus Enttäuschung wie die Schlosshunde, die Gewinner vor Glück. That's life.

Spatzenhirn ...

wird bei uns als Beleidigung verstanden, eben wegen des im Vergleich zum Menschen sehr kleinen Denkapparats des Vogels. Wem ein Spatzenhirn bescheinigt wird, der gilt allgemein als wenig intelligent, vielleicht sogar als dumm. Doch Vorsicht: Spatzen gehören zur Familie der Sperlingsvögel, die sich viel besser als andere Arten an veränderte Umweltbedingungen anpassen können. Niederländische Wissenschaftler halten sie sogar für besonders intelligente Wesen, bezeichnen sie als clever und smart.

Wer auf diese Weise geschmäht wird, sollte gelassen auf die Erkenntnisse der Forschung hinweisen und bitten, doch eine andere Form der Beleidigung zu wählen. Dies dürfte den Aggressor ziemlich verwirren.

Sein Schäfchen ins Trockene bringen ...

Der DAX erreicht einen neuen Höchststand, die Immobilienpreise steigen weiter – ein passender Moment für Börsianer und Hausverkäufer, ihr Schäfchen ins Trockene zu bringen, sich den materiellen Gewinn zu sichern. Die Redewendung passt aber auch, wenn jemand so viel Geld besitzt, dass er sorgenfrei und komfortabel davon leben kann.

Der Ursprung liegt darin begründet, dass Schafe trockene Weideplätze bevorzugen und – bei drohender Überflutung – sogar mit Booten auf höher gelegene Wiesen gebracht werden. In einer anderen Erklärung steht „Schäfchen" für das niederdeutsche „Schepken" (= Schiffchen), das vor dem Sturm vorsichtshalber an Land gezogen wird.

Schwein haben ...

Rechtzeitig vor der Totalsperrung haben wir die Unfallstelle passiert – Schwein gehabt. Oder: Diese Abteilung ist nicht von Kurzarbeit betroffen. Beim Roulette haben wir einfach auf schwarz gesetzt – und prompt gewonnen. In der allerletzten Minute der Nachspielzeit haben die Bayern das umstrittene Ausgleichstor erzielt – mal wieder Schwein gehabt. Der Begriff steht für unverdientes Glück, für das man in der Regel nicht viel getan hat. Vielmehr wurde von günstigen Umständen profitiert.

Dass ausgerechnet das Schwein als Glücksmetapher herhalten muss, wird unterschiedlich interpretiert. Eine mögliche Erklärung liegt darin, dass wühlende Schweine mitunter Kostbares im Boden entdecken. Man denke nur an Trüffel. Zum Brauchtum bei Schützenfesten gehörte es wiederum, dem schlechtesten Schützen als Trostpreis ein Schwein zu überreichen. Der musste sich dann zwar wochenlang wegen seiner Schießkünste verspotten lassen, konnte dabei aber ein Schwein sein Eigen nennen. Durch Nichtkönnen zum Erfolg – Schwein gehabt. Eine andere Deutung verweist auf alte deutsche Spielkarten, bei denen auf dem Trumpfass ein Schwein abgebildet war – die höchste Karte im gesamten Spiel. Der Besitzer hatte Schwein gehabt.

Die Beleidigung „du dummes Schwein" ist übrigens gänzlich unangebracht. Das Schwein gilt als sehr intelligentes Haustier.

Wie von der Tarantel gestochen ...

mutet jemand an, der sich plötzlich ohne erkennbaren Anlass wie wild gebärdet oder in Wut gerät. Den Anlass dazu liefern mitunter banale Dinge: Ein Foul beim Fußball, eine abschätzige Bemerkung oder nur der Streit um einen Parkplatz vor dem Supermarkt. Leider kommt es wegen der niedrigen Toleranzschwelle vieler Leute immer häufiger zu solchen Zwischenfällen.

Seltsam nur, dass die Tarantel in unseren Breitengeraden so häufig erwähnt wird, obwohl wir meist von Mücken, Bienen oder Wespen gepiesackt werden. Die bis zu drei Zentimeter lange Wolfsspinne Tarantel kommt nur in Südeuropa vor. Ihr Stich lähmt Insekten, ist für Menschen aber harmlos. Schon im Altertum glaubte man jedoch, ihr Biss erzeuge eine Art Veitstanz, ähnlich wie heute bei BSE, dem sogenannten Rinderwahn.

Weitere Deutungen: „Tarant" steht im Mittelhochdeutschen für „Skorpion". Auch die apulische Stadt Tarent wird mit der Tarantel in Verbindung gebracht, ebenso der Tanz Tarantella.

Ob Ex-Bayern-Trainer Giovanni Trappatoni vor seiner legendären Wutrede im März 1998 („Was erlaube Strunz? Ich habe fertig. Flasche leer.") von einer Tarantel gestochen wurde, weiß niemand. Unterhaltsam war es auf jeden Fall.

Jemandem die Würmer einzeln aus der Nase ziehen ...

heißt nichts anderes, als einer Person, die zunächst kaum etwas sagt, durch kontinuierliches Nachhaken eine Antwort oder einen Fakt nach dem anderen zu entlocken. Ein Vorgang, der häufig in Gerichtsverhandlungen oder oft auch in Untersuchungsausschüssen der Parlamente zu beobachten ist. „Daran kann ich mich nicht erinnern", wird dann oft gesagt, wenn es brenzlig wird.

Der Begriff stammt aus dem Mittelalter, als Wurmkrankheiten viel häufiger auftraten. Die Würmer galten als Krankheitsdämonen, die überall im Körper vorkamen. Natürlich auch in der Nase. Bekannt ist die Redewendung seit dem 17. und 18. Jahrhundert.

wird gern und oft verwendet, wenn jemand schamlos ausgebeutet wird. Beispiele gibt es genug, entsprechende Schlagzeilen ebenfalls: Schlüssel-Notdienste, die Kunden für ihren nächtlichen Service fast 1000 Euro abknöpfen, Taxifahrer, die von ausländischen Fahrgästen den fünffachen Preis verlangen, oder Fantasie-Rechnungen in Restaurants und versteckte Fallen in Verträgen. Die Reihe lässt sich beliebig fortsetzen.

Warum ausgerechnet die gute alte Weihnachtsgans in dieser Redewendung ausgenommen wird? Es liegt wohl an der leckeren Füllung, die meist aus Äpfeln und Maronen besteht. Um den Vogel möglichst umfassend damit vollstopfen zu können, werden ihm alle inneren Organe entnommen.

Übrigens: Wer seine Gans besonders knusprig mag, sollte sie während des Garens häufiger mal mit Bier bepinseln.

Von kalten Füßen und Pfeffer im Hintern und Augen, die geworfen werden

Rund um den Körper

4

Arsch auf Grundeis …

klingt vulgär, aber fast jeder weiß, dass damit die Furcht vor etwas Schlimmem, Existenzbedrohendem oder vielleicht auch nur vor einer peinlichen Niederlage gemeint ist. Nimmt man die Sache wörtlich, stellen sich jedoch einige Fragen: Gibt es im Zeichen der Erderwärmung überhaupt noch Grundeis? Und wie soll selbiges mit dem Allerwertesten in Berührung kommen? Zumal das Wasser sehr kalt sein dürfte.

In der Literatur ist Folgendes zu finden: Bei Tauwetter löst sich in Binnengewässern Grundeis und kommt polternd und krachend an die Oberfläche. Das Geräusch, das dabei entsteht, erinnert an heftige Turbulenzen in den Eingeweiden. Wem „Arsch auf Grundeis" nicht fein genug ist, kann auf „Fracksausen" zurückgreifen. Gern angewendet wird auch der Begriff „Muffensausen", wobei Muffe für den Verschluss eines Abflussrohres steht. Weitere Erklärungen erübrigen sich.

Ein Auge auf jemanden werfen ...

hat mehrere Bedeutungen. Wer einen anderen Menschen oder eine Sache besonders mag, hat ein Auge auf ihn oder sie geworfen. Ein Flirt bahnt sich an. Der Begriff steht auch dafür, jemanden zu beobachten. Oder auf sie oder ihn aufzupassen, damit nichts schief gehen kann.

Allzu wörtlich sollte man die Wendung aber nicht nehmen, das Auge eignet sich nicht als Wurfgeschoss. Und dann gab es noch die Legende von einem Seemann, der in der Hafenkneipe ein seltenes Showprogramm ablieferte. Für einen Whisky oder ein Bier pulte er sein Glasauge aus der Augenhöhle und legte es zur allgemeinen Erheiterung auf die Theke. Damals waren die Leute eben leicht zu unterhalten. Niemand wäre aber auf die Idee gekommen, damit zu werfen.

Vermutlich stammt der Ausdruck aus der Erzählung „Susanna im Bade" aus dem Buch Daniel des Alten Testaments. Danach lebte in Babylon ein reicher Mann namens Jojakim, der mit einer schönen und frommen Frau namens Susanna verheiratet war. In seinem Haus verkehrten auch zwei hoch angesehene alte Richter, die sich dabei in Susanna verliebten. In der Bibel heißt es: „Und als die beiden Ältesten sie täglich darin umhergehen sahen, entbrannten sie in Begierde nach ihr und wurden darüber zu Narren und warfen die Augen so sehr auf sie, dass sie nicht mehr zum Himmel aufsehen konnten und nicht mehr an gerechte Urteile dachten."

Kalte Füße bekommen ...

passiert oft im täglichen Leben. Der Plan war zu gewagt, weil die Rahmenbedingungen letztlich nicht stimmen. Bedenkenträger melden sich verstärkt zu Wort, warnen vor dem Scheitern. Kein Wunder, dass da jemand ein zu Beginn durchaus sinnvolles Vorhaben aufgibt.

Eine wunderbare Fallstudie dazu lieferte FDP-Chef Christian Lindner, als er 2017 urplötzlich aus den Koalitionsverhandlungen mit CDU/CSU und den Grünen ausstieg. Er hatte wegen der vielen ungeklärten Fragen kalte Füße bekommen – ein Begriff, der angeblich anno tobak am Spieltisch entstanden ist. Wer nicht mehr weiterspielen und lieber seinen Gewinn einsacken wollte, verwies auf seine kalten Füße.

Jemandem Hals- und Beinbruch wünschen ...

ist ein Widerspruch in sich. Es bedeutet, dass wir einem anderen Menschen Glück und gutes Gelingen für Wettkämpfe, Auftritte vor Publikum oder ein anderes anstehendes Projekt wünschen. Aber wie soll er oder sie das unter Schmerzen, mit einem Gipsbein und einer Halskrause schaffen?

Vieles spricht dafür, dass die Wendung vom jiddischen „hatslokhe un brokhe" stammt, was so viel wie „Glück und Segen" heißt, aber so ähnlich wie „Hals- und Beinbruch" klingt. Da muss sich jemand gewaltig verhört haben.

Ein Kopf wie ein Rathaus …

haben bedauernswerte Mitmenschen, die viele Informationen und manchmal auch Emotionen auf einmal verarbeiten müssen und deshalb Probleme bekommen, klar zu denken und zu strukturieren. Der Ausdruck könnte als Synonym für die vielen Zimmer eines Rathauses gelten, in denen fleißige öffentlich Bedienstete ihrer Arbeit nachgehen.

Dass mit „Ich hab 'nen Kopf wie ein Rathaus" keinesfalls eine Kritik an der Stadtverwaltung gemeint sein kann, beweist eine andere Redewendung: „Wenn man vom Rathaus kommt, ist man klüger." Sprich: Hinterher ist man immer schlauer.

Die Leber wächst mit ihren Aufgaben ...

heißt ein Buch des Arztes und Entertainers Eckart von Hirschhausen aus dem Jahr 2008 und ist ein elegant formulierter Appell, den eigenen Alkoholkonsum im Griff zu haben und Grenzen nicht zu überschreiten. Sie wissen ja, Männer sollten nicht mehr als 0,5–0,6 l Bier oder 0,25–0,3 l Wein pro Tag trinken, Frauen wird sogar nur die Hälfte empfohlen. Vermutlich hält sich kaum jemand daran. Der harte Fakt aber bleibt: Zu viele Drinks schaden dem Entgiftungsorgan des Körpers. Die Leber wächst und schwächelt dabei zunehmend.

Zyniker verwenden den Titel gern als Trinkspruch. Ein Kollege, dem wir das Werk als fürsorglichen Wink mit dem Zaunpfahl schenkten, hat es leider ignoriert.

Jemanden übers Ohr hauen ...

Die Abgassoftware für den Diesel war manipuliert. Auf der Handwerkerrechnung stehen drei Gesellenstunden, obwohl der Job nach 45 Minuten beendet war. Das Restaurant wirbt mit seiner Frischeküche, doch manches kommt mit Sicherheit aus der Dose. Drei klassische Fälle, in denen Kunden übers Ohr gehauen, also betrogen oder übervorteilt wurden.

Ursprünglich bedeutete die Wendung, dass jemand auf den Kopf geschlagen oder geohrfeigt wurde. Im Laufe der Zeit wandelte sich der Begriff und beschrieb nicht mehr die offene Attacke, sondern die unehrliche Art und Weise, mit der jemand um materielle Werte gebracht wird. Man denke nur an verschiedene Bankenpleiten.

Pfeffer im Hintern haben ...

heißt, sehr unruhig zu sein, nicht still sitzen zu können. Angeblich ein Trick, mit dem früher halbseidene Pferdehändler aus einem müden Gaul ein feuriges Ross machten: Sie rieben den armen Tieren Pfeffer in den Allerwertesten. Pudding in Armen oder Beinen hingegen hat man nach einer großen Kraftanstrengung.

Jemandem die kalte Schulter zeigen …

wird aus dem Englischen „to give someone the cold shoulder" abgeleitet und steht für ein abweisendes Verhalten oder Nichtbeachtung. FDP-Chef Christian Lindner hatte während der Koalitionsverhandlung 2017 den anderen Partnern mit dem Hinweis „Es ist besser nicht zu regieren, als falsch zu regieren" die kalte Schulter gezeigt – was bei den nachfolgenden Wahlen in den Bundesländern nicht vom Wähler honoriert wurde.

Der Begriff stammt aus dem spanischen Hofzeremoniell: Früher trugen die Damen sehr breite Röcke und gingen dadurch erst einmal auf Distanz. Wollte ein Herr einer Dame seine Aufwartung machen und war diese damit einverstanden, drehte sie ihm die rechte Schulter zu und reichte ihm die Hand zum Handkuss. Fand sie an dem Verehrer keinen Gefallen, zog sie die linke Schulter nach vorn, zeigte ihm also die „kalte Schulter."

Kai aus der Kiste kennt seine Pappenheimer. Und freut sich wie ein Schneekönig.

Menschen und Wesen

Der dümmste Bauer hat die dicksten Kartoffeln ...

heißt, dass jemand ohne eigenes Zutun, relativ uninspiriert und mit wenig Engagement ein hervorragendes Ergebnis erzielt. Vielleicht hatte er auch nur Glück. Jedenfalls ist ihm der Neid gewiss, der aus dieser weit verbreiteten Redewendung spricht. Mit dem sperrigen Leitsatz „Die voluminöse Expansion der subterranen Agrarprodukte steht in reziprok-positiver Relation zur intellektuellen Kapazität des produzierenden Ökonomen" lässt sich der Vorgang ebenfalls beschreiben – es sei denn, man hat eine Adjektiv-Allergie.

Das Sprichwort resultiert wohl aus der Erkenntnis, dass intelligente Menschen oft an sich selbst zweifeln und sich dadurch selbst im Wege stehen. Mit Tatkraft und etwas Glück kommt man dagegen weiter.

Wissen, wo Barthel den Most holt ...

gilt als Anerkennung für jemanden, der jeden Trick kennt, sich irgendwie immer zu helfen weiß und kaum zu überwinden ist.

Angeblich stammt der Begriff aus der Gaunersprache Rotwelsch, in der „Barthel" für „Brecheisen" und „Most" für „Moos" (= Geld) steht. Sympathischer ist eine andere Deutung: Am St. Bartholomäustag (24. August) sind die Weintrauben noch nicht geerntet, es gibt demnach keinen Most. Der clevere Barthel weiß trotzdem, wo er Most herholen kann.

Mein lieber Freund und Kupferstecher ...

ist ein milder Vorwurf oder eine Kritik wegen eines Vorgangs, auf den man nicht gleich mit einer Drohung oder einer Beleidigung reagieren sollte. Mit dem „lieben Freund" wird zum Ausdruck gebracht, dass die Beziehung nicht ernsthaft gefährdet ist.

Warum ausgerechnet ein Kupferstecher herhalten muss, ist unklar. Auf jeden Fall taucht der Begriff in Theodor Fontanes Roman „Frau Jenny Treibel" auf, in dem ein „Freund und Kupferstecher" erwähnt wird. Es gibt auch eine spöttisch-vulgäre Deutung: Ein Kupferstecher ist jemand, der im Bordell mit Centstücken bezahlt.

Falsche Fuffziger ...

begegnen uns im Alltag leider zu oft, haben mit gefälschten 50-Euro-Scheinen jedoch rein gar nichts zu tun. Wer anderen etwas vorgaukelt, etwas verspricht, ohne es je einlösen zu wollen, oder hinter dem Rücken eines Partners zum eigenen Vorteil Geschäfte macht, der ist ein falscher Fuffziger.

Beispiele gibt es genug, vor allem in der Politik oder im Beruf: Jemand wird gemobbt und gibt schließlich entnervt auf. Die Mobber sprechen scheinheilig ihr tiefstes Bedauern über den Rückzug aus. „Linke Bazillen" nennt der Volksmund solche Leute auch.

Verortet wird der „falsche Fuffziger" in Berlin, wo in früheren Zeiten gefälschte Münzen im Umlauf waren.

Die Gretchenfrage stellen ...

heißt, jemanden nach seiner wahren Überzeugung zu fragen. Oder danach, wie er in einer bestimmten, schwierigen Situation handeln würde und ob dies in Einklang mit seinem Gewissen steht.

Geistiger Vater der wohl berühmtesten Frage ist natürlich Goethe, der Gretchen in Marthes Garten fragen lässt: „Nun sag, wie hast du's mit der Religion? Du bist ein herzlich guter Mann, allein ich glaub, du hältst nicht viel davon."

Gretchenfragen werden in der Politik oder auch im Privatleben häufig gestellt. Dabei geht es um Grundsätzliches: Stimmen wir höheren Steuern zu und werden damit wortbrüchig? Wie stehen die Linken zu Kampfeinsätzen der Bundeswehr? Oder: Macht es Sinn, diese Ehe weiterzuführen, obwohl sich die Partner längst entfremdet haben?

Wie bei Hempels unterm Sofa ...

Gern und oft wird das geflügelte Wort verwendet, wenn im Zimmer oder Haus völliges Chaos herrscht, Sachen herumliegen und dringend Ordnung gemacht werden muss. Doch wer waren dieses Hempels, die alles unters Sofa schoben? Nobody knows.

Vor 500 Jahren tauchte der Begriff „Hampel" auf, mit dem man einen typischen Einfaltspinsel bezeichnete. Angeblich wurde daraus der Name „Hempel" abgeleitet, was den Hempels dieser Tage nicht gerade schmeichelt. Sofas gab es aber erst im 20. Jahrhundert. Fragen über Fragen. 1991 fragte Liedermacher Reinhard Mey: „Wie sieht es aus bei Hempels unterm Bett?" Der Song brachte die Lösung auch nicht näher.

Wie Kai aus der Kiste ...

Wenn etwas gänzlich Unerwartetes geschieht oder jemand auf den Plan tritt, mit dem keiner rechnete, ist es oder er „wie Kai aus der Kiste" gekommen.

Angelehnt ist die Redewendung an den Titel des in den 1920er-Jahre erschienenen und 1988 verfilmten Kinderromans von Wolf Durian: Kai, ein Berliner Straßenjunge, lässt sich in einer Kiste in das Hotelzimmer eines amerikanischen Schokoladenherstellers bringen, der zwei neue Marken einführen will und dafür per Wettbewerb einen Reklamekönig sucht. Natürlich machen Kai und seine Bande das Rennen gegen einen scheinbar übermächtigen Konkurrenten.

Milchmädchenrechnungen ...

haben immer Konjunktur, trotz schamlos niedriger Milch-
preise und einer Laktoseintoleranz bei vielen Menschen.
Nämlich dann, wenn jemand anderen unterstellt, wichtige
Faktoren zu ignorieren, oder ein Rechenwerk auf naiven
Erwartungen beruht. Zum Beispiel, wenn zwei Minister
eine Sozialreform mit Steuereinnahmen finanzieren wollen, für die jede gesetzliche Grundlage fehlt. Es gibt auch
Menschen, die bei ihrer Finanzplanung fest von einem
Sechser mit Superzahl im Lotto ausgehen. Gewinnchance:
1 zu 130 Millionen. Oder welche, die auf das unermessliche
Erbe eines nigerianischen Königssohnes setzen. Ein klei-
ner Zuschuss von 50 000 Euro für den Notar und man ist
erbberechtigt.

Die vielzitierte Rechnung geht vermutlich auf eine Fabel
von dem französischen Dichter de La Fontaine zurück: Ein
Milchmädchen auf dem Weg zum Markt träumt, was es
sich alles mit dem Erlös aus dem Verkauf leisten könnte.
Man ahnt, wie es ausgeht: Sie verschüttet die Milch. Andere Quellen verweisen auf ein Berliner Milchmädchen,
das den Preis mit den Fingern beider Hände ermittelte.

Pünktlich wie die Maurer ...

zu sein, das klingt erst einmal sehr positiv. Wer exakt zum verabredeten Zeitpunkt aufkreuzt, ist „pünktlich wie die Maurer". Der jahrhundertealte Spruch steht aber auch für eine leise Kritik, wenn jemand auf die Minute genau Feierabend macht und angefangene Arbeit eventuell liegen lässt. Den Maurern wurde früher nachgesagt, sehr pünktlich die Kelle aus der Hand zu legen – was heute im Zeichen von Burn-out und angestrebter Work-Life-Balance wieder Thema ist.

Jemanden zur Minna machen ...

ist äußerst unschön, handelt es sich doch um eine scharfe Zurechtweisung oder eine harte Kritik. Aber was hat Minna, die Kurzform des Mädchennamens „Wilhelmine", damit zu tun?

Zu Kaisers Zeiten, der letzte hieß bekanntlich Wilhelm II., trugen viele Dienstmädchen diesen populären Vornamen, der umgangssprachlich auch als Berufsbezeichnung diente. Oft wurden Minnas von ihren Herrschaften schlecht behandelt, beschimpft, gedemütigt oder harsch zurechtgewiesen.

Und dann gibt es noch die „Grüne Minna", den Gefangenentransporter der Polizei. Auch Streifenwagen werden heute noch so genannt. Ab 1866 wurden die dafür vorgesehenen Kutschen der preußischen Polizei ausbruchssicher gemacht und grün angestrichen. Mit den Insassen ging die Staatsmacht sehr rabiat um, Prügel und Beleidigungen waren an der Tagesordnung. Auch sie wurden „zur Minna" gemacht. Obwohl heute die meisten Streifenwagen und Transporter blau sind, reden Ältere häufig noch von der „Grünen Minna", wenn sie ein Polizeifahrzeug sehen.

Ich kenne meine Pappenheimer ...

klingt eher negativ und drückt aus, dass man die Leute kennt, mit denen man zu tun hat, und weiß, wie sie unter bestimmten Umständen reagieren – nämlich in der Regel wenig optimal. Der Spruch wäre ein prima Gag für die Tourismuswerber von Pappenheim in der Nähe von Gunzenhausen im Altmühltal.

Er entstammt Schillers Drama „Wallensteins Tod", das 1799 uraufgeführt wurde. Im 15. Aufzug sagt Wallenstein zum Gefreiten Mercy, der mit zehn Kürassieren des Reiterregiments unter dem Grafen Gottfried Heinrich zu Pappenheim vor den Feldherrn tritt und ihn trotz des Vorwurfs des Landesverrats seiner Treue versichert: „Daran erkenn ich meine Pappenheimer" und ist somit wertschätzend.

Sich freuen wie ein Schneekönig ...

bedeutet, jemand freut sich riesig, strahlt über alle vier Backen. Wer bei der Redewendung an Ski-Asse wie den österreichischen Abfahrtskönig Franz Klammer oder Goldmedaillen-Gewinnerin Rosi Mittermaier von der Winkelmoos-Alm in Reit im Winkel denkt, vielleicht auch an die erfolgreichen deutschen Skispringer oder an Biathlon-Asse wie Laura Dahlmeier, der liegt daneben. Auch mit irgendwelchen Alpen-Adelshäusern oder ungekrönten Herrschern der Rocky Mountains hat dieser Schneekönig nichts zu tun. Und er ist auch nicht der direkte Vorgesetzte der Frau Holle, die bekanntlich den Schnee ausschüttelt. Hinter dem Pseudonym verbirgt sich der volkstümliche Name des Zaunkönigs – einem kleinen Vogel, der auch in Eis und Schnee quicklebendig ist und fröhlich singt.

Aus dem Schneider sein ...

„Wenn wir den Auftrag bekommen, sind wir aus dem Schneider", hofft der Firmenchef. Will sagen: Wer aus den schlimmsten Sorgen heraus ist, die oft finanzieller Art sind, oder wer nach einer Krise wieder gute Chancen sieht, sein Ziel zu erreichen, der ist aus dem Schneider. Durch fleißiges Punktesammeln, zum Beispiel beim Fußball, lässt sich ein Polster zu den Abstiegsplätzen schaffen, man befindet sich im gesicherten Bereich und ist auch damit aus dem Schneider.

Wie viele andere stammt die Redewendung aus der Sprache der Kartenspieler: Erreicht ein Spieler beim Skat 30 Punkte, so ist er „aus dem Schneider" und verliert – wenn überhaupt – nur noch sehr wenig. Aber warum heißt es ausgerechnet „Schneider"? Kleidermacher hatten früher meist nur wenig Ansehen, wer diesen Beruf verfolgte, stand also automatisch auf der Verliererseite. Deshalb sagt man noch heute, „jemand ist aus dem Schneider", wenn er sich aus einer schwierigen Situation befreien konnte.

Herein, wenn's kein Schneider ist ...

ist eine scherzhafte, aber etwas altbackene Aufforderung, einzutreten. Der Ausdruck stammt aus einer Zeit, als die Schneider noch zu den Kunden gingen, um ihre Forderungen einzutreiben – was ihre Beliebtheit schmälerte. Heute arbeiten Schneider meist gegen Vorkasse.

Jemanden oder etwas auf Vordermann bringen ...

setzt einen gewissen Grad an Unordnung oder Disziplin-
losigkeit voraus. Passende Beispiele begegnen uns alltäg-
lich: Die Klassenräume vergammeln zusehends. Mehr als
die Hälfte des Teams feiert oft krank, kommt zu spät oder
geht früher. Im Garten lässt sich das Unkraut nicht mehr
von der Nutzpflanze unterscheiden. Höchste Zeit also,
dass hier gehandelt und die Sache auf Vordermann gebracht wird. Will heißen, dass der Sprechende einen aus
seiner Sicht miserablen Zustand positiv verändern will.

Der Begriff stammt – wie nicht anders zu erwarten – aus
dem Militär, wo sich der Rekrut in einer Reihe immer nach
dem vor ihm marschierenden oder stehenden Kameraden
ausrichten muss. Zum Beispiel musste damals der Abstand
zum Vordermann exakt 80 Zentimeter betragen, sonst galt
der ganze Zug als „Sauhaufen". Ein gängiger Spruch eines
Ausbilders während der Grundausbildung in den 1970er-
Jahren in einer Essener Kaserne zum Thema korrekte Distanz zum Vordermann lautete: „Bei 70 Zentimetern sind
Sie schwul, bei 90 fahnenflüchtig."

Zicken machen...

Vorsicht, hier begeben wir uns auf dünnes Eis. Die abwertende Redewendung wird oft benutzt, wenn sich Mädchen und Frauen nicht so verhalten, wie es Männer und konservativere Frauen von ihnen erwarten – wenn sie also von gängigen Klischees abweichen. Dabei stellen sie nicht selten die herrschenden Machtverhältnisse infrage. Symbolfiguren wie die Journalistin Alice Schwarzer, die seit Jahrzehnten für die Emanzipation und Selbstbestimmung der Frauen kämpft und keiner Auseinandersetzung ausweicht, wurden immer wieder als „Zicken" bezeichnet.

Zicken machen – das wird auch Menschen vorgeworfen, die unüberlegt handeln oder ein Projekt, dass die Mehrheit für gut befunden hat, aus egoistischen Gründen gefährden. Menschen also, die Schwierigkeiten machen. Ein klassisches Beispiel ist die Pkw-Maut, die von der CSU gegen alle Warnungen durchgeboxt wurde und dann grandios scheiterte.

Zurückgeführt wird die Wendung meist auf die nicht vorhersehbaren, spontanen Sprünge von Ziegen.

Wer sich vom Acker macht, landet auf dem Holzweg. Und das ist nicht das Gelbe vom Ei.

Natur und Farben beleben die Sprache.

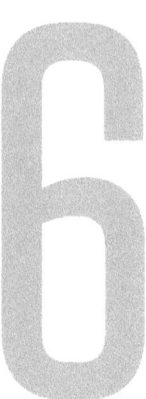

Sich vom Acker machen ...

hat im digitalen Zeitalter nur selten mit einem bäuerlichen Acker zu tun. Trotzdem wird die Metapher, die für weggehen oder verschwinden steht, gern nach getaner Arbeit oder einem Besuch bei Freunden verwendet. Im negativen Sinn bezieht sich die Wendung auf eine nicht angekündigte Flucht vor unangenehmen Aufgaben – oder auf das Verlassen des Partners oder der Partnerin. In „Sich vom Acker machen" steckt vermutlich auch die Sehnsucht nach einer Zeit, als der Bauer im Märzen noch sein Rösslein anspannte, und klingt gepflegter als „Ich hau jetzt ab."

Blau machen ...

bedeutet in der Umgangssprache, dass jemand nicht zur Arbeit geht, obwohl er es eigentlich müsste, und keinen nachvollziehbaren Grund dafür nennen kann. Chefs und Kollegen sind von Blaumachern wenig angetan, weil dann andere die dadurch liegen gebliebene Arbeit erledigen müssen.

Seinen Ursprung hat der Begriff im Mittelalter, als Handwerksgesellen den Montag als freien Tag beanspruchten, was bei den Meistern und der Obrigkeit auf entschiedenen Widerstand stieß. Laut Duden hieß er zunächst „Guter Montag", ab dem 17. Jahrhundert dann „Blauer Montag". Der Wechsel von „gut" zu „blau" lässt sich dadurch erklären, dass an den Montagen während der Fastenzeit die Kirchen mit blauem oder violettem Tuch geschmückt wurden.

Blaue Briefe ...

Mit den „blauen Briefen" kündigen Lehrer den Eltern an, dass die Versetzung ihrer Sprösslinge gefährdet ist. Eine letzte Mahnung also, endlich etwas zu tun. In blauen Umschlägen steckten früher amtliche Schreiben, in denen preußische Behörden Offiziere aufforderten, ihren Abschied einzureichen.

In die Binsen gehen ...

Sie haben auf Sieg gewettet, doch leider hat es nicht funktioniert? Dann ist der Einsatz in die Binsen gegangen. Gleiches kann nicht nur mit Geld, sondern auch mit Dingen passieren, die in die Binsen gehen, also verloren werden oder verschwinden. Sogar Freundschaften können in die Binsen gehen.

Der Begriff kommt laut Duden aus der Jägersprache. Flüchtete eine Wildente in die „Binsen" – ein anderes Wort für „Schilf" –, konnte ihr der Hund nicht hinterherjagen.

Außerdem gibt es noch die Binsenweisheit: eine Wahrheit, die jeder kennt und begreift, ohne sie nochmals erläutert zu bekommen. Der unvergessene Karl Valentin sagte dazu: „Es ist schon alles gesagt worden. Nur noch nicht von allen."

Nicht das Gelbe vom Ei …

kann vieles sein: die langweilige Form des neuen Kleinwagens von XY, die nicht ausgewogenen Pläne zur Steuerreform, der Platz im letzten Drittel der Bundesligatabelle, die lustlos hingeschmierte Semesterarbeit. Die Wendung steht für ein Vorhaben oder ein abgeschlossenes Projekt, das deutlich unter seinen Möglichkeiten bleibt und somit nicht die Erwartungen erfüllt. Mit dem „Gelben vom Ei" ist der Eidotter gemeint, der als der wertvollste Teil des Eies gilt.

Ins Gras beißen ...

heißt nichts anderes, als eines gewaltsamen Todes sterben. Die Wendung entstand im 16. Jahrhundert und ist auch in anderen europäischen Sprachen zu finden, wo anstelle von „Gras" Wörter wie „Staub", „Sand" oder „Erde" eingesetzt werden. So heißt es auf italienisch „mordera la terra" oder auf niederländisch „in het zand bijten". Wohl jeder kennt die englische Version: „Another one bites the dust" der Popgruppe Queen war ein Welthit, was so viel bedeutet wie: „Noch einer beißt ins Gras."

Der Begriff taucht schon in der Antike auf, unter anderem in der Ilias und der Aeneis: Soldaten, die im Kampf verwundet worden sind und sterbend am Boden lagen, bissen vor lauter Qualen in den Boden oder ins Gras.

Holzauge, sei wachsam ...

heißt so viel wie: „Pass auf, es lauern Tücken, sei besonders vorsichtig." Meist geht es um materielle Dinge. Verträge oder scheinbar verlockende Angebote, die womöglich unseriös sind, sollten gründlich geprüft werden.

Der Begriff stammt wahrscheinlich aus dem Schreinerhandwerk, wo der Meister seinen Lehrling auf die in den Brettern auftretenden Äste, die Holzaugen, hinwies. Sie sind härter als das andere Holz, müssen also vorsichtig abgehobelt werden. Wer dies nicht beachtet, muss bald die Klinge des Hobels schärfen oder schlimmstenfalls sogar auswechseln.

Holzaugen wurden in alten Zeiten auch die kleinen Löcher in den Holzkugeln genannt, die in manchen Burgmauern eingelassen waren, quasi als bewegliche Schießscharte. Durch sie konnten die Angreifer ausgespäht oder sogar beschossen werden, ohne selbst getroffen zu werden.

Auf dem Holzweg sein ...

heißt, sich kräftig geirrt zu haben oder aufgrund einer falschen Annahme zu handeln. Besagter Weg führt in den Wald, genauer ins Holz. Auf ihm werden nur die abgesägten Äste und Baumstämme abtransportiert, er verbindet also nicht zwei Ziele miteinander und ist somit eine Sackgasse. Kurzum: der total falsche Weg, wenn man irgendwo hin will.

Auf einen klassischen Holzweg begab sich die Bundesregierung mit der geplanten Einführung der Pkw-Maut. Trotz vieler Bedenken zog man das Vorhaben durch – und wurde schließlich vom Europäischen Gerichtshof gestoppt.

Ohne Moos, nix los …

Moos ist weich und bequem, auf Moos läuft man gern. Das passt gut zu der Redewendung, die besagt, dass man für fast alle Dinge und Dienstleistungen bezahlen muss. Mit ausreichend Kapital lebt es sich eben leichter.

Wer ihren Ursprung allerdings in moosbewachsenen deutschen Wäldern und auf Wiesen sucht, irrt gewaltig. Moos ist an das hebräische Wort „moath" angelehnt, das für „Münze" steht. Ohne Moos, nix los – das war schon immer eine tiefgreifende Erkenntnis. Sogar auf der Musical-Bühne wird davon gesungen. Man denke nur an „Cabaret": „Money makes the world go round."

Geh dahin, wo der Pfeffer wächst ...

sagt jemand, der sich mächtig geärgert hat und den Verursacher möglichst weit weg wünscht, am besten zum entlegensten Ort der Erde. Man will den Menschen einfach nicht mehr sehen. Die Auswahl der Ziele reicht dabei von Sewernaja Semlja im Nordpolarmeer über Madagaskar bis nach Südgeorgien.

Vermutlich stammt die Redewendung aus dem Mittelalter. Pfeffer galt damals als wichtigstes Gewürz und kam vorwiegend aus dem weit entfernten Indien, das über Land und Wasser nur schwer zu erreichen war. Von dort kommt noch heute der größte Teil der weltweiten Pfefferproduktion.

Sein blaues Wunder erleben ...

Rot ist die Farbe der Liebe, während Blau früher einmal als Farbe der Täuschung galt.

Die Redewendung bezieht sich auf unangenehme Überraschungen und auf enttäuschte Erwartungen. Etwa so: Der Favorit erlebte beim Außenseiter sein blaues Wunder und verlor haushoch. Oder: Statt der erhofften Gehaltserhöhung erlebte Herr X sein blaues Wunder. Der Chef äußert sich unzufrieden über seine Arbeit. Herr X kann froh sein, nicht gekündigt zu werden, und bekommt eine neue Aufgabe – als Kalenderwart mit Fensterplatz im Archiv.

Auf keinen grünen Zweig kommen ...

Das Geld reicht hinten und vorne nicht. Finanzielle und andere Ziele, die sich jemand setzt, werden ständig verfehlt. Auch die Angebetete erhört ihn nicht. Der Mann kommt einfach auf keinen grünen Zweig.

Ursprünglich ist damit der junge Trieb der Bäume gemeint, der im Frühjahr ausbricht. Treibt er nicht aus, trägt der Baum auch keine Früchte. Wieder mal erfolgreich gescheitert. Der grüne Zweig gilt zudem als Symbol der Fruchtbarkeit.

Beim Ei des Kolumbus sind Hopfen und Malz verloren, aber alles ist in Butter.

Essen und Trinken liefern satte Metaphern.

Bitterer Beigeschmack ...

Wenn ein großer Erfolg oder ein tolles Ereignis von einem negativen Vorgang getrübt werden, spricht man von einem bitteren Beigeschmack, den die Sache hat. Zwei Beispiele: Das Entscheidungsspiel wurde gewonnen, aber gleich zwei Kicker haben sich dabei verletzt und werden vermutlich monatelang ausfallen. Oder: Der Intendant wird wegen seiner Inszenierung hoch gelobt. Gleichwohl wechselt er zur neuen Saison nach Berlin, weil er den ständigen Streit mit den Kulturpolitikern leid ist.

In gepflegten Bars genießt der bittere Beigeschmack allerdings hohe Wertschätzung. Wermuthaltige Drinks wie Martini oder der einst wegen seiner angeblich halluzinatorischen Wirkung verrufene Absinth dürfen dort nicht fehlen.

Alles in Butter ...

heißt, es ist alles in Ordnung, entspricht den Regeln, es gibt keine Probleme. Warum ausgerechnet ein tierisches Fett als Synonym für einen korrekten Ablauf herhalten muss, erschließt sich nicht auf Anhieb.

Der Ursprung könnte bei Berliner Kneipenwirten liegen, die damit auf die ausgesuchten Zutaten ihrer Gerichte hinwiesen. Sehr abenteuerlich erscheint die These, wonach in alten Zeiten zerbrechliche Gläser und feines Geschirr vor dem Transport in flüssige Butter eingelegt wurden. Erstarrte die Butter und umschloss die Gläser und Tassen, konnten sie ohne Bruchgefahr von A nach B gebracht werden.

Einen hinter die Binde kippen ...

steht für übermäßigen Alkoholgenuss. Wobei Binde nicht für einen medizinischen Verband oder eine Kapitänsbinde beim Fußball steht, sondern für die Krawatte. Viele von uns kennen sie auch unter der Bezeichnung „Binder". Und hinter dem Binder befindet sich bekanntlich die Kehle, durch die das Getränk rinnt.

Der Begriff ist allerdings nicht mehr zeitgemäß, da in den meisten Bars und Lokalen meist mit offenem Hemd getrunken wird.

Das Ei des Kolumbus ...

steht für die verblüffend einfache Lösung eines als unlös-
bar erscheinenden Problems, auf die man viel eher hätte
kommen können. Dazu müssen nicht selten lieb gewor-
dene Strukturen und Denkschemata verändert werden.
Zum Beispiel in Sachen Mobilität, bei der viele jüngere
Menschen auf das eigene Auto verzichten wollen. Car-
sharing, E-Roller oder bessere Anbindungen an Bus und
Bahn können hier das besagte Ei sein.

Der Begriff wird auf Kolumbus zurückgeführt, der nach
der Rückkehr von seinen Entdeckungsfahrten auch viele
Neider hatte. Einer von ihnen provozierte ihn mit der Be-
hauptung, es sei doch gar nicht so schwierig gewesen, die
Neue Welt zu finden. Darauf nahm der Seefahrer ein Ei
und fragte, wer es auf seine Spitze stellen könne – was
natürlich keiner schaffte. Kolumbus drückte das Ei an seiner Spitze ein – den Rest kann man sich denken.

Zur richtigen Zeit, am richtigen Ort die passende Idee zu
haben, darin besteht die Kunst. Ob tatsächlich Kolumbus
der Coup mit dem eingedrückten Ei gelang, wird inzwischen bezweifelt. Es wird vermutet, dass die Legende älte-
ren, orientalischen Ursprungs ist.

Etwas ist nicht ganz koscher ...

Da stimmt was nicht, alles läuft viel zu glatt, wir trauen der der Sache nicht, das ist irgendwie nicht geheuer. Kurzum: Hier ist etwas nicht ganz koscher.

Das Wort kommt aus der Gaunersprache und hat seinen Ursprung im Jiddischen. „Koscher" bedeutet dort, dass ein Essen den jüdischen Speisegesetzen entspricht, die unter anderem den Genuss von Schwein und Wildtieren, aber auch von Fischen ohne Flossen und Schuppen, zum Beispiel Aal, verbieten. Im positiven Zusammenhang wird „koscher" nur selten verwendet.

Einen Eiertanz aufführen ...

bedeutet nichts anderes, als sich überaus vorsichtig zu verhalten, in einem schwierigen Moment zu taktieren oder eine unangenehme Situation gewunden und umständlich zu erklären. Ein Beispiel: Der Vater spricht begeistert vom Freizeitangebot der Region, wie schön es doch zu Hause sei und was man hier alles unternehmen könne – bevor er zur eigentlichen Aussage kommt: Der lang geplante Familienurlaub am Meer muss ausfallen. Das Geld reicht nur für Ferien vor der Haustür.

Übrigens: Den Begriff „Eiertanz aufführen" schrieb erstmals Goethe auf. Er hatte ein Mädchen beobachtet, das auf einem Teppich nach einem gewissen Muster Eier ausgelegt hatte und mit verbundenen Augen umhertanzte.

Ein Fass aufmachen ...

bedeutet, einen gehörigen Wirbel zu veranstalten oder eine Auseinandersetzung zu beginnen, obwohl es zumeist dafür keinen berechtigten Grund gibt. Ein Beispiel: Lohnt es sich wirklich, den sehr hilfsbereiten Nachbarn anzumahnen, wenn er den Hausflur einen Tag später, als im Plan vorgesehen, geputzt hat? Da sollte man besser kein Fass aufmachen und die guten Beziehungen nicht gefährden.

Die Redewendung wird vom englischen Wort „fuss" abgeleitet, das für Theater, Drama, Wirbel oder Getue steht. Die zweite Bedeutung von „ein Fass aufmachen" ist sehr viel angenehmer: Es ist eine rustikale Aufforderung zum gemeinsamen Feiern mit in Fässern gelagertem Bier oder Wein.

Hopfen und Malz sind verloren ...

Der Betreffende kapiert es nicht, er nimmt keine Ratschläge an und beharrt auf seiner vorgefassten Meinung. Ihm helfen zu wollen, ist vergebliche Liebesmüh. Bei ihm sind deshalb Hopfen und Malz verloren.

Doch wo besteht die Verbindung zwischen den Zutaten für Bier und einem scheinbar hoffnungslosen Fall? Bier wird schon seit Jahrtausenden gebraut, doch die Redensart stammt aus dem 16. Jahrhundert. Viele Haushalte produzierten damals ihr eigenes Bier. Nicht immer mit Erfolg. Hopfen und Malz waren dann verloren.

Wie Kraut und Rüben ...

Tatort ist das Kinderzimmer. Oder der Schreibtisch. Oder
der Schuppen. Alles liegt wild durcheinander, ein wie auch
immer geartetes Ordnungssystem ist nicht erkennbar.
„Wie Kraut und Rüben sieht es hier aus", sagt der Volksmund. Die Zustandsbeschreibung gilt aber auch für Firmen und Verwaltungen, in denen Zuständigkeiten nicht
klar geregelt sind. Motto: Jeder macht, was er will und keiner, was er soll.
Der Begriff bezieht sich wahrscheinlich auf einen Rüben-
acker, auf dem Rüben und abgeschnittene Blätter unge-
trennt durcheinander liegen, bevor sie aufgesammelt
werden.

Jemanden durch den Kakao ziehen ...

heißt, ihn zu verspotten oder zu hänseln – was nicht immer freundschaftlich gemeint sein muss. Mit dem wohlschmeckenden Tropentrank hat die Redewendung aber nichts zu tun. „Kakao" steht hier stellvertretend für das nicht salonfähige Wort „Kacke".

Dazu gibt es ein Bonmot von Erich Kästner: „Nie dürft ihr so tief sinken, von dem Kakao, durch den man euch zieht, auch noch zu trinken." Während das heutige „durch den Kakao ziehen" in der Umgangssprache noch als gutmütige Neckerei gelten kann, ist das „durch den Dreck ziehen" auf jeden Fall beleidigend und verletzend.

Die beleidigte Leberwurst spielen ...

Jeder von uns kennt Menschen, die eine Kleinigkeit zum Anlass nehmen, sich gekränkt oder beleidigt zu fühlen, und das der Umgebung dann auch mitteilen. Doch was hat eine Leberwurst mit einer solchen Befindlichkeit zu tun?
Ziemlich skurril, der Ursprung: Da die Leber schon immer als Ausgangspunkt von Gemütsbewegungen galt und Zeitgenossen, die (zu) oft beleidigt sind, wenig Respekt entgegengebracht wird, hat der Volksmund die „beleidigte Leberwurst" erfunden.

Pustekuchen ...

kommt nicht aus dem heißen Backofen und muss deshalb auch nicht mit aufgeblasenen Backen auf Esstemperatur gebracht werden. Wir sagen „Pustekuchen", wenn sich jemand umsonst Hoffnungen gemacht hat und wieder einmal erfolgreich gescheitert ist. Sei es durch eigene Fehler oder dumme Zufälle. Meist ist auch Häme und Schadenfreude dabei. Nehmen wir als Beispiel das Debakel der Deutschen bei der Fußball-WM 2018 in Russland. Als Tiger gesprungen, als Bettvorleger gelandet.

Der Begriff stammt wie viele andere aus dem Jiddischen. „Puste" steht für „poschut" (= wenig), „Kuchen" für „chochem" (= klug, gewitzt). Darauf ein Stück Streuselkuchen, frisch vom Backblech.

Keinen Pfifferling wert ...

ist etwas oder jemand, das oder der nach dem Urteil seiner Umwelt nichts wert ist. Dabei eignet sich der Pfifferling ganz und gar nicht für derartig negative Metaphern. Aus dem Allerwelts-Pilz früherer Zeiten ist eine gesuchte Delikatesse geworden, die gern zu Fleischgerichten und Pasta gegessen wird. Viel besser ließe sich diese Geringschätzung mit „keinen Zuchtchampignon wert" ausdrücken, die bei Discountern zu Niedrigpreisen angeboten werden.

Übrigens: Wir verzichten gern auf Omas Sahnesauce zu Pfifferlingen. Kurz in Butter gebraten und mit Pfeffer und Salz gewürzt, schmecken sie am besten. Bitte nicht die Petersilie vergessen.

Einen Pudding an die Wand nageln ...

dürfte wegen der wackligen Konsistenz der Süßspeise schwerfallen. Die Metapher drückt also aus, dass etwas nicht möglich und schon der Versuch zum Scheitern verurteilt ist. Oder wenn sich jemand nicht klar äußert und so mehrere Deutungen zulässt – was sehr oft bei politischen Talkshows zu beobachten ist, wenn auf konkrete Fragen einfach nicht geantwortet wird und ein Satz mit „Die Frage stellt sich so nicht ..." beginnt.

Wie ein Pudding in der Kurve ...

Wer sich so verhält, also allen Fliehkräften nachgibt, gilt als wenig standfest und sehr meinungslos.

Um den Pudding gehen ...

steht für die 360-Grad-Umrundung eines Kreisverkehrs oder für einen Abendspaziergang um den Block.
Die Redewendung stammt vermutlich aus Norddeutschland und wird gern mit dem Puddingfabrikanten Dr. Oetker in Verbindung gebracht.

Aus dem Quark kommen ...

sollten wir alle. Wobei „Quark" nicht für das Milchprodukt steht, sondern für belangloses Zeug, das nicht von Wert ist und sich eignet, uns von Wichtigerem abzuhalten. Wer also herumtrödelt, sich gern ablenken lässt, eine Entscheidung immer wieder hinausschiebt und mit einer bedeutsamen Aufgabe nicht fertig wird, der kommt nicht aus dem Quark. Dazu passt auch die Wendung „Du redest Quark".

Die Redewendung stammt vermutlich aus dem Westslawischen, wo „Quark" auch für dreckiges, überflüssiges Zeug steht. Wer nicht aus dem Quark kommt, hält sich demnach mit belanglosen Dingen auf und kommt nicht voran.

Einen Stich haben ...

bezieht sich auf Menschen, die sich merkwürdig verhalten oder leicht verrückt wirken. Zu viel Sonne, also der Sonnenstich, oder auch ein giftiger Insektenstachel können nach landläufiger Meinung die Ursache dafür sein. Bei Speisen („die Sahne hat einen Stich") weist man so darauf hin, dass etwas nicht mehr genießbar ist.

Saure-Gurken-Zeit ...

Es ist Hochsommer, die Politik macht Ferien, auch der Fußball legt eine Pause ein und in den Innenstädten herrscht gähnende Leere, weil gefühlt die Hälfte der Bevölkerung verreist ist. Relevante Nachrichten gibt es kaum, dafür schaffen es kuriose und nebensächliche Meldungen in die Zeitungen und TV-Sendungen – weshalb Journalisten gern von der Saure-Gurken-Zeit sprechen. Ursprünglich war damit eine Zeit gemeint, in der es nur wenige Lebensmittel gab und die Menschen sich von Eingemachtem wie sauren Gurken ernähren mussten. Heute beschreibt der gegen Ende des 18. Jahrhunderts geprägte Begriff eher eine spürbare Ereignis-Armut. Politiker der zweiten Reihe machen während der Saure-Gurken-Zeit gern Schlagzeilen.

Abwarten und Tee trinken ...

heißt so viel wie: ruhig bleiben, nichts übereilen. Nur Geduld! Schauen, was sich ergibt. Woher diese Redewendung stammt, lässt sich nur erahnen. Vermutlich beruht sie auf bewährten Hausmitteln gegen irgendwelche Krankheiten: Salbeitee gegen Husten und einfach mal einen Tag im Bett bleiben.

Abwarten und Tee trinken ist gar nicht so einfach in Zeiten, in denen fast jeder online ist und man rund um die Uhr mit Informationen überhäuft wird. Und dann gibt es noch die unendliche Auswahl an Tees ...

Der Wermutstropfen ...

schmeckt sehr bitter und ist mit Sicherheit der am meisten zitierte Tropfen der Weltgeschichte. Er steht für ein tolles Ereignis, einen großen Erfolg, bei dem die Freude darüber aber durch einen negativen Vorgang getrübt wird.

Der klassische Wermutstropfen wird aus der Heilpflanze Wermut gewonnen, die auch bitterer Beifuß genannt wird und kräftig die Verdauung anregen soll. Bekanntestes Getränk auf Wermutbasis ist sicher der Martini. Der Klassiker Wodka-Martini gehört zu jedem Bond-Film. Sie wissen schon: Geschüttelt, nicht gerührt.

Wer drei Kreuze macht, kommt nicht in Teufels Küche.

Auch Himmel und Hölle bleiben nicht außen vor.

Drei Kreuze machen ...

gehört zum Dankesgebet katholischer Christen, wenn sie heil aus einer schwierigen Situation herausgekommen sind.

Aber auch außerhalb der kirchlichen Welt wird die Wendung oft gebraucht. Nach über 100 Tagen steht endlich eine Regierungskoalition – drei Kreuze. Oder: Zeugnis nicht besonders, Hauptsache versetzt. Der Notenstress ist vorbei, endlich sind Ferien – drei Kreuze. Wer also eine anspruchsvolle Prüfung bestanden oder eine ernste Krankheit überstanden hat, macht seine drei Kreuze.

Jemanden aufs Kreuz legen ...

bedeutet den vorzeitigen Sieg beim Ringkampf. Im allgemeinen Sprachgebrauch geht es dabei auch um einen aus-
gefeilten Plan, mit dem die Gegenseite übervorteilt
werden soll. Zum Beispiel beim Grundstückskauf, wenn
plötzlich Kosten angeführt werden, die vorher nicht Ge-
genstand der Verhandlungen waren.

Etwas aus dem Kreuz leiern ...

heißt, jemandem mit großem Aufwand davon zu überzeugen, etwas herzugeben. Im Volksmund hat ein wohlhabender Mensch Geld im Rücken, sprich im Kreuz. „Leiern" steht dagegen für permanentes, monotones Wiederholen. Wer den Krösus also ständig um etwas bittet, versucht, ihm etwas aus dem Kreuz zu leiern.

In Teufels Küche kommen ...

steht für eine kritische, peinliche Situation, aus der es nur schwer einen Ausweg gibt. Großauftrag geplatzt, fest eingeplanter Kredit wurde verweigert, mal wieder den Hochzeitstag vergessen. Pleiten, Pech und Pannen. Mit übelsten Konsequenzen.

Streng im Wortsinn gibt es wohl keinen unangenehmeren Ort. Die Hölle, in der die Sünder schmoren, ist an sich schon sehr heiß. Wie mag es da erst in der Höllenküche sein?

Den Teufel nicht an die Wand malen ...

dient als Warnung, durch Reden etwas Schlimmes herauf-
zubeschwören oder das schrecklichste, denkbare Szenario
zu entwickeln. Hintergrund ist der Glaube alter Kulturen:
Wer den Teufel an die Wand malt, lockt ihn damit an.
Unser Rat: positiv denken.

Jemanden reitet der Teufel ...

Ist jemand im Begriff, große Risiken einzugehen, etwas Unvernünftiges oder Schlechtes zu tun, dann reitet ihn der Teufel. Wenn sich die Bahnschranke schon senkt, sollte man besser nicht mehr den Übergang passieren.
Im alten Volksglauben reitet der Teufel auf den Objekten seiner Begierde. Der Volksmund sagt aber auch: In den ist der Teufel gefahren.

Wenn man vom Teufel spricht ...

kommt er. Das ist eine freundschaftliche Begrüßung für jemanden, der just in dem Moment, in dem über ihn geredet wurde, den Raum betritt. Und das Attribut „höllisch gut" darf durchaus als Kompliment verstanden werden.

Sich wie im siebten Himmel fühlen …

Federleicht schweben wir durch den Alltag. Alles läuft wunschgemäß, besser geht es nicht. Doch warum fühlen wir uns wie im siebten Himmel, es könnte doch auch der dritte oder zehnte Himmel sein?

Alte Schriften aus dem Frühchristentum liefern die Erklärung: In ihnen besteht der Himmel aus sieben Teilen. Nummer sieben ist sozusagen das Penthouse, in dem Gott und die Engel wohnen. Auch im antiken Weltbild wird der Himmel in verschiedene Bereiche eingeteilt. Ebenso in Dantes „Göttliche Komödie".

Sockenschuss und Tohuwabohu. Wo bitte geht's nach Posemuckel?

Manchmal fehlt der rote Faden – hier zum Beispiel.

Ein stichhaltiges Argument ...

lässt sich nicht entkräften, nur so kann eine Sache passiert sein, dies ist der richtige Weg, es gibt keinen besseren.

Der Ursprung der Wendung geht ins Mittelalter zurück, als Kämpfe mit Schild und Schwert ausgetragen wurden. Während des Gemetzels musste der Schild die Stiche der Feinde abwehren, also „den Stich halten".

Nur Bahnhof verstehen ...

Da kapiert jemand gar nichts. Alle Erklärungsversuche und gut gemeinten Hinweise fruchten nicht. Er oder sie versteht nur Bahnhof, weiß nicht, worum es geht und was man von ihm oder ihr will. Trotzdem ist es falsch, gleich von kognitiven Schwächen zu reden. Oft drücken sich die hilfreichen Geister einfach zu kompliziert aus. Ungern denken wir an die Gebrauchsanleitung für den Billigwecker aus China zurück. Oder an das User-Handbuch für den Drucker.

Doch warum verstehen wir dann „Bahnhof" und nicht „Hauptpost" oder „Rathaus"? Die Redewendung geht auf den Ersten Weltkrieg zurück. „Bahnhof" war das Zauberwort, das Entlassung und Heimkehr bedeutete, endlich raus aus den Schützengräben und der allgegenwärtigen Gefahr. Da wollte niemand mehr etwas anderes hören als „Bahnhof" und dachte an nichts anderes.

Das sind Böhmische Dörfer für mich …

wird angewandt, wenn jemand etwas nicht kapiert oder einen Zusammenhang nicht sieht. Deutsche hatten mit den slawischen Namen der Dörfer in Böhmen, die für ihre Ohren sehr fremdartig klangen, riesige Probleme. Zum Beispiel ging der Ortsname „Podlesi pod Landstejnem" nicht jedem so leicht über die Lippen. „Deutsch Bernschlag", so hieß das Örtchen auch einmal, prägte sich leichter ein.

Weg vom Fenster …

zu sein bedeutet, jemand ist nicht mehr dabei, hat nichts mehr zu sagen oder an Bedeutung verloren, wird nicht wahrgenommen. Das kann vor allem im Sport und in der Politik sehr schnell gehen – wie bei Martin Schulz, dem ehemaligen SPD-Kanzlerkandidaten und Parteivorsitzenden.

Vermutlich liegt der Ursprung im Ruhrgebiet, wo früher viele Bergleute wegen der erbärmlichen Bedingungen unter Tage an Staublunge litten. Ein furchtbares Schicksal. Stehend, am geöffneten Fenster, rangen sie nach Luft. Viele von ihnen wurden nicht alt, so wie mein Großvater. Eines Tages stand er nicht mehr an dem Platz, an dem er es am ehesten aushalten konnte. Und die, die ihm von der Straße aus immer zugewinkt hatten, sagten: „Der ist weg vom Fenster."

Dann ist Holland in Not ...

steht für eine schwierige Situation, aus der es kaum noch einen Ausweg gibt. Doch warum muss ausgerechnet unser Nachbarland, die Niederlande, als Synonym für eine sehr zugespitzte Lage herhalten? Schließlich gilt es doch in vielen Bereichen, zum Beispiel im Gesundheitswesen, als vorbildlich, kinderfreundlich und sozial. Es ist Sitz vieler großer Konzerne, die hier weniger Steuern zahlen, hat mit Rotterdam den größten Hafen der Welt und einige der größten Maler aller Zeiten hervorgebracht.

Der Begriff stammt aus einer Zeit, in der seltene Tulpenzwiebeln fast so wertvoll waren wie Gold, ungefähr im 16. Jahrhundert. Damals wurde Holland immer wieder von Deichbrüchen heimgesucht, denen verheerende Überschwemmungen folgten. Oder das kleine Land wurde von fremden Mächten besetzt. Jedes Mal war Holland dann in Not.

Das Licht am Ende des Tunnels ...

leuchtet, wenn sich die Lösung für ein schwieriges Problem abzeichnet, eine Durststrecke zu Ende geht oder Hilfe naht. Man hat also die Dunkelheit weitgehend durchschritten, bis zum ersehnten Ziel ist es nicht mehr weit. Wer allerdings im Tunnel steht und das Licht auf sich zukommen sieht, sollte einen Notfallplan haben.

Das Leben ist kein Ponyhof ...

wird gern resümiert, wenn es mal nicht so läuft, wie erwartet, beispielsweise bei Enttäuschungen, Niederlagen, Krankheiten und ungerechten Beurteilungen. Ganz anders als in den Immenhof-Filmen der 1950er-Jahre (Filmsong: „So ein Pony, das kann alles"), in denen die heile, sorglose Welt eines Ponyhofs in ländlicher Idylle den damals jungen Bundesrepublikanern die Seele wärmte.

Als in den 1980er-Jahren die Punkband „Die Schröder's" einen Song mit dem Titel „Das Leben ist kein Ponyhof" veröffentlichte und TV-Star Christoph Maria Herbst den Ponyhof in seiner Rolle als boshafter Versicherungschef Stromberg als Running Gag verwendete, hatten ausgemachte Zyniker den Begriff neu besetzt. Der Ponyhof wurde zur sarkastischen Karikatur einer heilen Welt, die es nicht mehr gibt.

Einen gepflegten Sarkasmus legte auch einer meiner früheren Redaktionsleiter – Gott hab ihn selig – an den Tag, der mitunter Urlaubsanträge mit einem Lenin-Zitat ablehnte: „Auf dem Weg zum Sozialismus kann auf Einzelschicksale keine Rücksicht genommen werden". Sollte witzig sein.

Nullachtfuffzehn ...

auch 08/15, wurde im Nachkriegsdeutschland eine Art Sammelbegriff für alles Mittelmäßige und Alltägliche, das zwar die Mindestanforderungen erfüllte, dabei aber fantasielos und langweilig daher kam.

Die Redewendung 08/15 taucht in fast allen Bereichen des täglichen Lebens auf: In seiner Antrittsrede reiht der neue Parteichef eine Plattitüde an die andere, neue Ideen sind Fehlanzeige. Der Neubau des Kaufhauses unterscheidet sich in keinster Weise von herkömmlichen Objekten. Dazu zählt auch das 08/15-Sortiment. Wer vom Vizemeister eine erkennbare Spielidee erwartet hatte, wurde enttäuscht. 08/15-Spielzüge – mehr kam nicht. Und ... und ... und.

Zu verdanken haben wir die Redewendung dem deutschen Schriftsteller Hans Helmut Kirst (1914–1989). In seiner Romantrilogie „08/15", die 1954/55 erschien und sogleich mit Joachim Fuchsberger in der Hauptrolle verfilmt wurde, beklagt er den Krieg und besonders den preußischen Militarismus mit seinem stupiden Drill in den Kasernen. Sein listiger Protagonist, der Gefreite Asch (bewusst ohne R) entzieht sich aber gekonnt den Schikanen seiner Vorgesetzten. Trilogie und Film spielten in der damaligen Auseinandersetzung um die Wiederbewaffnung der Bundesrepublik eine wichtige Rolle. Der Begriff 08/15 wiederum bezieht sich auf ein Maschinengewehr aus dem Jahr 1908, das 1915 weiterentwickelt und die Bezeichnung LMG 08/15 erhielt.

Posemuckel ...

muss ständig als Synonym für eine unbedeutende, fernab gelegene Ortschaft herhalten, die rein gar nichts zu bieten hat. Es gibt nicht einmal eine prominente Persönlichkeit, die dort geboren wurde. Dabei gibt es den Ort wirklich. Posemuckel ist der deutsche Name eines Dorfes in Westpolen.

Wie es zu der zweifelhaften Ehre kam, immer wieder als Analogie für ein klassisches Provinzkaff genannt zu werden, weiß niemand so genau. Gern genannt wird in diesem Zusammenhang auch Hintertupfingen. Ärgern muss sich hier allerdings niemand. Den Ort gibt es nur auf Spott-Landkarten, aber nicht in Wirklichkeit.

Jemanden hinter schwedische Gardinen bringen ...

Mit „Schwedischen Gardinen" haben die brutalen Kämpfer aus dem 30-jährigen Krieg nichts zu tun. Wird jemand hinter „Schwedische Gardinen" gebracht, heißt das, er muss ins Gefängnis.

Eine Redensart aus der Gaunersprache, in der die Gardinen für die Fenstergitter der Justizvollzugsanstalt stehen. Sie bestanden oft aus qualitativ hochwertigem, schwedischem Stahl. Ganz wie der Volvo.

Der hat 'nen Sockenschuss ...

wird gern gesagt, wenn man jemanden schlicht für verrückt hält. Dabei ist der ursprüngliche Sockenschuss
ein sehr sinnvoller Vorgang.

Er stammt aus dem Profi-Wäschereiwesen, bei dem Sockenpaare mit einem andersfarbigen Faden verbunden
werden, um bei der Reinigung beieinander zu bleiben. Der
Sockenschuss eignet sich deshalb auch für Privatleute, die
nach jeder Wäsche den einen oder anderen Strumpf vermissen.

Was der reale Sockenschuss mit Geistesverwirrung zu tun
hat, gehört zu den ungelösten Rätseln unserer Umgangssprache.

Ein Schuss in den Ofen ...

steht für einen offensichtlichen Misserfolg, einen Fehlschlag auf ganzer Linie. Doch wer legt im Vollbesitz seiner geistigen Kräfte auf einen Ofen an?

Möglicherweise entstand der Begriff in früheren Zeiten, wenn Gewehre beim Entladen sicherheitshalber in einen mit Sand gefüllten Ofen gehalten wurden. Gut möglich, dass auch die Redewendung „Schuss ins Knie" in diesem Zusammenhang steht.

Als klassischer „Schuss in den Ofen" gilt heute die vom britischen Ex-Premier David Cameron angezettelte Brexit-Kampagne. Cameron hatte nie geglaubt, dass seine Landsleute für den Austritt aus der EU votieren würden, er wollte damit nur seine innerparteilichen Gegner bekämpfen. Das Ergebnis ist bekannt.

Tohuwabohu ...

könnte dem Klang nach der Name einer Südseeinsel sein, steht aber umgangssprachlich für Durcheinander und Unordnung auf begrenztem Raum. Zum Beispiel herrscht in der Küche ein regelrechtes Tohuwabohu, wenn sich der Junior mit seinen Freunden an einem Drei-Gänge-Menü versucht und dann vergisst aufzuräumen.

Tatsächlich kommt der Begriff aus dem Hebräischen und drückt etwas viel größeres aus, nämlich „Chaos am Beginn der Zeit, das Gott ordnete". So schlimm sah die Küche dann doch nicht aus.

Über die Wupper gehen ...

Warum muss das harmlose bergische Flüsschen Wupper herhalten, wenn damit ausgedrückt werden soll, dass jemand gestorben oder verschwunden ist? Auch ganze Projekte oder Geldsummen können über die Wupper gehen, wenn etwas schiefläuft. Oder Dinge, wenn sie kaputt und nicht mehr zu reparieren sind.

Plausibel erscheint eine Deutung aus dem 19. Jahrhundert: Der Todestrakt des Wuppertaler Landgerichts, das auf einer Wupperinsel lag, befand sich auf der anderen Flussseite und konnte nur über eine Brücke erreicht werden. Die Delinquenten mussten also vor der Hinrichtung „über die Wupper gehen". Gleiches widerfuhr Bürgern, die nebenan beim Finanzgericht Insolvenz beantragen mussten. Auch für sie führte der Weg zwangsläufig über die Wupper.

Das Zünglein an der Waage ...

gibt den Ausschlag in einer ausgeglichenen Situation, sozusagen einem Patt. Im politischen Leben war es früher oft die FDP, die mit CDU oder SPD jeweils knappe Regierungsmehrheiten bildete und als Zünglein an der Waage fungierte. Oft sind es nur Kleinigkeiten, von denen wir unsere Entscheidung abhängig machen, zum Beispiel bei der Lebensplanung: Die neue Wohnung ist sehr reizvoll, liegt jedoch weit vor der Stadt. Aktuell wohnen die meisten Freunde in der Nähe, da bleibt man lieber am alten Standort. Die bestehenden sozialen Kontakte geben den Ausschlag, sind besagtes Zünglein. Doch woher kommt der Begriff?

Zünglein wird bei alten Apothekerwaagen der Zeiger zwischen den Waagschalen genannt, der eine präzise Messung ermöglicht.

Und zum guten Schluss:

Fertig ist die Laube ...

sagt nicht ausschließlich jemand, der gerade erfolgreich sein Gartenhäuschen zusammengezimmert hat. „Damit ist die Sache erledigt. War doch gar nicht so schwer", meint der Volksmund damit.

„Fertig ist die Laube" wird auch gern an den Schluss gesetzt, wenn ein einfacher Plan vorgestellt wird. „Meier bringt das Bier mit, Willi den Grill. Ich sorge für die Musik und lade die Mädels ein. Fertig ist die Laube."

Angeblich stammt die Redewendung aus dem Berlinerischen und bezieht sich auf die Laubenpieper-Kolonien der Hauptstadt.

Schlagwort-Verzeichnis

Weitere Titel im Ellert & Richter Verlag

Alexandra Brosowski / Karin Lubowski
Schleswig-Holstein für Klookschieter
176 Seiten mit 40 Abbildungen
978-3-8319-0668-0

Wer weiß, was ein Plüschmors ist und woher unser Moin kommt? Die Sylter Royal ist keine Adelige, aber was denn dann? Was sind Donnerkeile und Duckdalben? Schwarzsauer und Mehlbüdel sind keine Schimpfwörter und was hat Alfred Nobel in Schleswig-Holstein zu schaffen? Warum der Klabautermann heißt, wie er heißt?

Schönes, Seltsames, Verblüffendes, Typisches: Im Norden gibt es – für Auswärtige wie für Einheimische – vieles zu erkunden.

Nord- und Ostsee, Wind und weiter Himmel haben Land und Leute, das Miteinander, die Sprache und die Küche geprägt – und gelegentlich zu regionalen Rätseln geformt. Viele Wörter benutzen wir täglich, kennen aber nicht ihre Herkunft. Wer bei den Nordlichtern mithalten will, findet hier viele Erklärungen zu landestypischen Besonderheiten – auf das er zum „Klookschieter" (plattdeutsch für Besserwisser) werde.

Thomas Frankenfeld

Leben ohne Humor ist witzlos

192 Seiten

978-3-8319-0768-7

Das Wort Witz hat seinen Ursprung im Lateinischen und steht für Sehen. Der Witz – das ist also der geschärfte Blick auf den Alltag. Was uns im täglichen Leben begegnet, bietet oft einen reichen Fundus an Heiterem bis Urkomischem. Thomas Frankenfeld, langjähriger Chefautor und Außenpolitikchef des Hamburger Abendblatts, spießt seit vielen Jahren mit feinem Humor Alltägliches auf der Titelseite der Zeitung auf. Ob Politik, Prominente, Tiere, Berufsgruppen oder das unerschöpfliche Thema Mann und Frau – alles wird genau betrachtet. Frankenfelds Glossen haben inzwischen Kultstatus und eine große Leser-Fangemeinde. Thomas Frankenfeld tritt damit ein Stück weit das Erbe seines Vaters, des legendären Humoristen und Entertainers Peter Frankenfeld, an.

Daniela Gisin / Axel Krumsick

Die RÄUM DICH FREI Methode
Das Original
Aufräumhand(lungs)buch
228 Seiten
978-3-8319-0748-9

Dieses Hand(lungs)buch ist eine geführte und praktische Anleitung: Schritt für Schritt, konkret strukturiert und konzeptionell durchdacht. Die Methode, mit der Sie durch Aufräumen Erstaunliches bewirken können. In Ihrem Zuhause und in Ihrem Leben.

Innerhalb von 2 Stunden lernen Sie, wie befreiend und mit Freude gepaart Freiräumen sein kann!

Die RÄUM DICH FREI Methode hat den Fokus auf dem Guten und Wertvollen, auf Dingen, die uns bereichern und die wir genau deshalb bei uns haben wollen. Heute und für die Zukunft. Und damit passiert das Magische: Auf einmal ist Aufräumen nicht mehr belastend, sondern bereichernd!

Dr. med. Matthias Soyka

Dein Rückenretter bist du selbst
Die besten Eigenübungen und
ärztlichen Strategien gegen akute
Rückenschmerzen
180 Seiten
978-3-8319-0738-0

Fast jeder Mensch leidet im Laufe seines Lebens einmal
unter Rückenschmerzen – Tendenz steigend. Nicht nur die
sitzende Lebensweise, PCs und Handys sind dafür verantwortlich. Auch unnötige Ängste und unrealistische Heil-
versprechen wie „Nie wieder Rückenschmerz" tragen zur
Schmerzverstärkung bei. Wer hofft, den Rückenschmerz
– sei es durch Übungen oder durch Medikamente – komplett aus seinem Leben zu verbannen, wird fast immer enttäuscht und leidet dann umso mehr.

Besser als von dauernder Schmerzfreiheit zu träumen ist
es, sich auf den Notfall vorzubereiten und akute Rückenschmerzen mit geeigneten Übungen, Akupressur und
Hausmitteln zu bekämpfen.

Uta Allgaier / Sabine Frielinghaus

Die Fibel der Gelassenheit

Das kleine ABC eines entspannten Familienlebens

96 Seiten, 38 Illustrationen

978-3-8319-0707-6

Viele Eltern haben keine Zeit, sich durch dicke Pädagogik-Wälzer zu arbeiten. Aber zwischendurch mal ein paar Zeilen lesen, die einem Mut machen, oder eine Geschichte, die einen schmunzeln lässt, das geht immer und gibt neue Kraft.

„Die Fibel der Gelassenheit. Das kleine ABC eines entspannten Familienlebens" lässt sich zwischendurch lesen, zum Beispiel am Bett des kranken Kindes oder abends, wenn endlich Ruhe eingekehrt ist. Zu jedem Spruch, zu jedem Text gibt es einen gezeichneten Stimmungsaufheller – anders kann man die Illustrationen von Sabine Frielinghaus nicht bezeichnen, die bunt und fröhlich sind und voller Ideen stecken. Und los geht's mit A wie „Ansprüche, zu hohe", B wie „Bindung stärken", C wie „Cappuccino, sich gönnen" ...

Alexandra Bischoff

Wechsle mal die Brille!
Impulse und Methoden zur
Selbststärkung im Alltag
264 Seiten mit 50 Abbildungen
978-3-8319-0727-4

Wechsle mal die Brille! empfiehlt Alexandra Bischoff. Denn wir können Belastendes, Ärgerliches oder Beängstigendes entschärfen, wenn wir es gedanklich durch eine eckig-sachliche, eine mildzeichnende rosarote oder eine kunterbunte Humor-„Brille" betrachten. Dadurch gewinnen wir eine positivere Sicht auf die Thematik und können entspannter damit umgehen. Wie und warum dieses Umdeuten funktioniert, zeigt die Autorin an vielen Alltagsbeispielen auf leichte und anschauliche Art.

Das Buch ist sowohl zum anregenden Herumschmökern geeignet als auch zur gezielten Suche nach Hilfestellungen, Praxisübungen und Impulsen für gerade aktuelle Probleme. Ein besonderer Service des Buchs sind die Links zurück zum Blog *www.seelenbalancieren.de*, sodass LeserInnen sich interaktiv durch Kommentare einbringen und die dortigen Querverweise zu weiteren Artikeln und Videos nutzen können.

Bibliografische Information der Deutschen Nationalbibliothek

Die Deutsche Nationalbibliothek verzeichnet diese Publikation in der Deutschen Nationalbibliografie; detaillierte bibliografische Daten sind im Internet über http://dnb.d-nb.de abrufbar.

ISBN 978-3-8319-0752-6
© Ellert & Richter Verlag GmbH, Hamburg 2019
2. Auflage 2020

Text: Rolf Kiesendahl, Oberhausen
Lektorat: Sophie Niemann, Hamburg
Redaktion: Sylvia Lukassen, Gelsenkirchen
Titelillustration: Andreas Pfeiffer, Bremen
Gestaltung: BrücknerAping, Büro für Gestaltung GbR, Bremen
Gesamtherstellung: CPI books GmbH, Leck

www.ellert-richter.de
www.facebook.com/EllertRichterVerlag